Marie-Bénédicte Baranger
Lucien Bély

Liebenswerte Normandie

Aus dem Französischen übersetzt
von Christa Winkelheide

Die Dünen von Biville.

Port-Racine, « der kleinste Hafen von Frankreich ».

Das Schloss von Falaise.

Vordere Umschlagseite : *Etretat.*

Die Felsen von Fécamp.

EINLEITUNG

DIE MÄNNER DES NORDENS, DIE NORMANNEN, ERSTÜRMEN DIE KÜSTEN

Zu Beginn des 9. Jahrhunderts kamen die ersten Männer aus dem Norden, die Normannen, in die Seine-Bucht. Sie gaben diesem Teil Galliens ihren Namen. Er war bald in der ganzen Welt bekannt, bis an das äußerste Ende Rußlands. Die Wikinger, wie sie auch genannt wurden, waren vor allem Dänen und Norweger.

Wurden diese Seeleute durch die Armut ihres Heimatlandes vertrieben und von dem Reichtum der südlichen Küsten angezogen? Oder entstand diese ausgedehnte Völkerwanderung durch den ständigen, starken Versuch der Karolinger-Könige, seit Karl dem Großen, die Grenzen des Christentums und der lateinischen Zivilisation immer mehr nach Osten und Norden auszudehnen? Oder waren es vielmehr abenteuerlustige, kühne, unerbittliche und unbeugsame Prinzen, die ihre Länder verließen, wo sie keinen Platz mehr fanden, um diese phantastischen und übermenschlichen Helden der *Sagas*, dieser Epen aus dem Norden, zu werden?

Diese Könige des Meeres, Plünderer und Heiden, unternahmen im ganzen 9. Jahrhundert immer häufigere und immer blutigere Feldzüge hin zu den französischen Küsten. Ihre herrlichen Schiffe, die *»Drachen«,* diese langgestreckten, spitzzulaufenden, wendigen und schnellen Schiffe trotzten mit ihrem geschnitzten Drachen an Heck und Bug den schrecklichsten Unwettern. Der Teppich von Bayeux zeigt auch zwei Jahrhunderte später die Beständigkeit ebenso wie die schmale Form dieser Boote. Dank ihres geringen Tiefgangs konnten sie auch auf Flüssen, wie auf der Seine, stromaufwärts fahren.

So drangen die Normannen jedes Jahr weiter ins Land ein. Überall verbreiteten ihre Banden Angst und Schrecken durch Diebstahl, Vergewaltigung und Mord.

Aber diese Wikinger waren nicht die ersten Eindringlinge. Die Menschen aus der Bronzezeit hatten aus dem Loire-Tal ein Durchgangsland zu den Iles Cassitérides (den heutigen Inseln Scilly oder Sorlingues), dem Reich des Zinns gemacht. Die Kelten aus Gallien ließen sich dort nieder. Die Landschaften der Normandie haben ihre Namen von den verschiedenen Stämmen übernommen: so ist der Name des Vexin (Gebiet zwischen der Oise und der Andelle) abgeleitet von den »Véliocasses« und das Pays de Caux (im Département Seine-Maritime) von den »Calètes«.

Dann kam die Zeit der römischen Besatzung: drei Jahrhunderte Frieden. In Lillebonne erinnert ein altes Theater an diese Zeit und in Jublains unter anderen die Ruinen der Festung. Die Sachsen erschütterten diese Herrschaft und ließen sich dauerhaft hier nieder. Dann zwangen die Franken der Aristokratie ihre Sitten auf: sie errichteten die Macht der Diözese von Rouen und die der ersten Abteien.

Vor allem diese Klöster beeindruckten die heidnischen Normannen. Im Laufe der Jahrhunderte war das Gold zur Verschönerung der Kultgegenstände dort angesammelt worden. Die Räuber bemächtigten sich der Kelche und Reliquiare, die sie leicht auf ihren Schiffen transportieren konnten, und setzten die Klostergebäude in Brand. Um dem Tod zu entkommen, mußten die Mönche vor dieser ständigen Bedrohung fliehen. Jumièges wurde den wilden Tieren und den Raubvögeln überlassen. Die Reliquien der heiligen Gründer wurden mitgenommen in die weite Ferne, nach Osten und nach Süden.

Die Wikinger waren aber auch Bauern. Bald gaben sie ihre jährlichen Feldzüge auf und ließen sich an diesen reichen und fruchtbaren Küsten nieder. Rund um die Seine-Mündung und an der Halbinsel Cotentin besetzten sie große Ländereien. Hatten sie nicht die Holzpfeiler ihrer verlassenen Häuser ins Meer geworfen, die ihnen, wenn sie das Ufer erreichten, den Ort ihrer neuen Wohnungen zeigen sollten? Von nun an gehörte ihnen dieses Land, und es war offenkundig, daß die Nachfahren Karls des Großen diesem Einfall keinen Widerstand leisten konnten. Sie mußten Kompromisse schließen.

Karl der Einfältige schloß mit dem Chef der Wikinger, Hrolf, einen eigentümlichen Handel, der in der Geschichte als der Vertrag von Saint-Clair-sur-Epte festgehalten wurde. Der König erkannte die Autorität des zweifelhaften Kriegers über diese westliche Provinz an, und der Normanne die im übrigen völlig theoretische Lehnsherrschaft des Franken. Hrolf mußte sich als der unbestrittene Führer dieser neuen »Normandie« durchsetzen. Er wurde Christ, schwor, seinen neuen Glauben zu verteidigen, ihn seinen Leuten aufzuzwingen und die »romanische« Sprache zu übernehmen. Aus Hrolf wurde Rollo oder Robert. Die Epte war die neue Grenze.

Nach vielen Kriegen gab Rollo diesem Gebiet, das früher der Anarchie verfallen war, den Frieden. Eine Legende erzählt, Rollo habe goldene Armbänder in einem Wald aufhängen lassen in der Gewißheit, daß sie nicht gestohlen würden. Dieses tat er, um die Macht seines Gesetzes und seines Rechts zu demonstrieren. Die Völker aus dem Norden strömten in die Normandie.

Das Christentum war ein geeignetes Mittel, sie zu vereinen, selbst dann, wenn die alten Götter, die der Wälder und der Seen, die Menschen noch lange nicht in Ruhe ließen, und das vor allem im Gebiet der Halbinsel Cotentin. Der Hammer von Thor schien lange Zeit ein ebenso nützlicher Schutz wie das christliche Kreuz. In der Normandie jedoch wurde ein allgemeines Gesetz bestätigt, wonach der Sieger,

Die Ruinen der Festung Château-Gaillard ▶

der Eindringling, die Zivilisation – das heißt die Sprache, den Glauben und die Werte – des Besiegten, des schon Seßhaften, übernehmen mußte.

HERZÖGE UND KÖNIGE FÜR EINEN MÄCHTIGEN NORMANNISCHEN STAAT

Der Führer der Wikinger nahm allmählich den Titel »Herzog« der Normandie an. Er reiste von Stadt zu Stadt. Obwohl Rouen seit Rollo die Hauptstadt des Herzogtums war, focht manche Stadt diese Vorrangstellung an. In Bayeux, dessen Gouverneur Rollos Schwiegervater war, wurde Rollos Sohn Wilhelm Langschwert geboren. Richard II. machte aus Fécamp ein geistiges Zentrum seines Landes, indem er das Kloster »de la Trinité« gründete. Aber Wilhelm bevorzugte Caen, dort lebte und starb seine Gemahlin Mathilde. Diese Stadt entwickelten beide zu einer »benediktinischen Stätte«.

Ein wahrer Hofstaat umgab den Prinzen. Durch seinen Glanz zog er viele adlige, ausländische Besucher an. Einige hohe Würdenträger, sowohl kirchliche als auch weltliche, übernahmen bestimmte Aufgaben. Der Herzog übertrug seinen Verwandten, die zu Grafen erhoben worden waren, die Herrschaft über die Grenzgebiete. »Vicomten«, die er ernannt hatte und die nur ihm unterstellt waren, vertraute er die Verwaltung seines Landes an. So kontrollierten sie sich gegenseitig, die Feudalherren und die Getreuen.

Das normannische Gesetz konnte überall gelten: die Gerechtigkeit und der Friede des Herzogs setzten sich überall durch. Die Macht stützte sich auf die Feudalhierarchie, an deren Spitze unangefochten der Herzog stand. Aber in dieser Gesellschaft gab es keine Leibeigenschaft, wie sonst üblich in Europa, da sie auch für die Männer aus dem Norden unbekannt war. Dennoch zögerten die Normannen nicht, Sklavenhandel zu betreiben; slawische Volksstämme waren eine leichte Beute, die den arabischen Emiren in Spanien zusagten.

So entstand ein normannischer Staat, dessen solide Strukturen von der gesamten Christenheit bewundert wurden. Seine Macht hob sich von der Unordnung ab, die noch in Europa herrschte. Sie ermöglichte es Wilhelm, die Eroberung Englands zu planen und erfolgreich abzuschließen. Zugunsten der Normannen führte er dort die politische und soziale Organisation seines Herzogtums ein.

Gewalt herrschte im Abendland und die Prinzen starben jung. Ihre Söhne waren noch Kinder. So war Richard I. im Jahre 942, als sein Vater Wilhelm Langschwert starb, erst zehn Jahre alt. Robert wurde Herzog im Jahre 1027 im Alter von siebzehn Jahren und bei seinem Tod im Jahre 1035 war Wilhelm der Bastard erst sieben Jahre alt. Diese Kinder mußten lange kämpfen, um sich bei ihren Rivalen und bei ihren Vasallen durchzusetzen. Sie mußten Winkelzüge zwischen den rivalisierenden Gruppen inszenieren, Intrigen verhüten, an den Grenzen kämpfen.

So wurde der König von Frankreich der Beschützer des jungen Richard I. Er sperrte ihn aus diesem Grund in Laon ein. Richard entkam und besiegte mit Hilfe der heidnischen Wikinger die Franzosen. Er begünstigte einen Rivalen des Königs, den Herzog von Frankreich, Hugues le Grand, seinen Schwiegervater.

Schließlich setzte er sogar durch,

Charakteristische Landschaft des normannischen »Perche« (Die Gegend zwischen der Normandie und der Maine)

Panorama von Rouen. ▶

◀ *Der Turm Saint-Nicolas in Le Bec-Hellouin*

daß sein Schwager König wurde, der Gründer einer neuen und dauerhaften Dynastie, Hugo Capet. Alle diese Prinzen blieben grausame Krieger. Als um das Jahr Tausend eine Bauernrevolte ausbrach, die Angst und Hungersnot ausgelöst hatten, war die Unterdrückung durch Richard II. schrecklich.

Wie ihre Vorfahren liebten auch sie das Abenteuer. Robert, der Liberale, wollte schon lange vor seinem Sohn Wilhelm England erobern; er starb plötzlich, erschöpft und krank, auf dem Weg ins Heilige Land. Diese Söhne der Winkinger liebten auch häufig die Ausschweifung. Als Robert in Falaise einzog, sah er Arlette, die Tochter eines Gerbers, die am Brunnen ihre Wäsche wusch. Am gleichen Abend sah diese junge Mätresse im Bett ihres Herrn im Traum einen Baum aus ihrem Körper herauswachsen, der bis zum Himmel reichte: in der Tat gebar sie den kleinen Wilhelm, den künftigen Eroberer der englischen Inseln.

Unter diesem König wurde die Normandie der Festlandteil eines großen Inselreiches. Die Prinzen fühlten sich allmählich mehr als Engländer denn als Normannen, behielten aber dennoch den Charakter ihrer Vorfahren. Heinrich II. ist hierfür das beste Beispiel. Zwanzig Jahre lang mußte der Urenkel von Wilhelm dem Eroberer mit seinen Leuten kämpfen, um das Land zu behalten. Sein Vater Gottfried Plantagenet hatte dem Besitz seiner Frau, der Kaiserin Mathilde, das Herzogtum von Anjou hinzugefügt. Die feurige Eleonore von Aquitanien war ihres Mannes, des Königs von Frankreich, überdrüssig. Sie schenkte Heinrich ihr großes Fürstentum: Liebesheirat und politische Heirat!

Heinrich II. war so der mächtigste Prinz der Christenheit, deren Vermittler er war und durch die er dank seiner Söhne und Töchter eheliche Bande knüpfte. Dieser glanzvolle und ausschweifende Prinz stützte sich auf solide Finanzen und eine ebenso solide Armee: seine Diener waren im ergeben. Sogar zu sehr, denn Heinrich war grausam. Es war die Zeit des »Mordes in der Kathedrale«: Thomas Becket wurde in Canterbury, vor dem Altar, von Vertrauten des Königs, der sein Feind war, ermordet. Der Niedergang erfolgte später. Seine eigenen Söhne lehnten sich gegen diesen ehrgeizigen Prinzen auf, unterstützt von Eleonore.

◀ *Die Abbaye aux Hommes in Caen*

Dieses Altwerden voller Bitternis kündigte das Ende des anglo-normannischen Reiches an.

VON JUMIÈGES BIS LESSAY: DIE BLÜTE DES ROMANISCHEN ZEITALTERS

Die Historiker charakterisierten diese christliche Blüte des Abendlandes lange Zeit als »normannisch«; für die Menschen des 20. Jahrhunderts ist sie die »Romanik«. Ihre Juwele waren die Abteien: das 11. Jahrhundert war in der Tat, dank des Friedens und des Wohlstands des Herzogtums, die benediktinische Blütezeit. Richard II. ließ einen anspruchsvollen und inbrünstigen Abt, Guillaume de Volpiano, nach Fécamp kommen. Dieser legte allen normannischen Mönchen eine moralische, intellektuelle und geistige Erneuerung auf. Von da an überhäuften die Prinzen und ihre Vasallen sie mit Geschenken und Ländereien, damit diese Gottesmänner für sie, Laien und Sünder, beten und sie nach ihrem Tod in der Nähe ihrer Klöster bestattet würden.

Richard II. war der Beschützer und der Wohltäter des Mont Saint-Michel. Er und seine Frau gründeten die Abtei von Bernay. Die Abtei von Fontenelle wurde restauriert und nahm den Namen ihres Gründers aus dem 7. Jahrhundert an, nämlich des Grafen des Königs Dagobert, des heiligen Wandrille, eines wahren »Athleten Gottes«. Wilhelm der Eroberer gründete in Caen die Abtei Saint-Etienne, die spätere Abbaye aux Hommes und seine Frau Mathilde die Abtei Sainte-Trinité oder Abbaye aux Dames. Sie wollten dadurch die Kirche und den Papst blenden, die ihre Heirat wegen ihrer Verwandtschaft verurteilten.

Aber nach der Eroberung Englands berief Wilhelm Geistliche in die Verwaltung seines Königreiches, vor allem den italienischen Gelehrten Lanfranc, der Erzbischof von Canterbury wurde. Nachdem dieser berühmte Intellektuelle in Avranches gelehrt hatte, zog er sich zurück in die Gemeinschaft, die der Ritter Herluin oder Hellouin gegründet hatte. Ihm war es zu verdan-

Die Krypta der Abbaye aux Dames in Caen ▶

Auf den folgenden Seiten: *Der romanische Kreuzgang der »Abbaye Blanche« in Mortain*

ken, daß die Abtei Bec-Hellouin ein großes geistiges Zentrum der westlichen Welt wurde.

Diese Abteien waren den Heimsuchungen der Zeit ausgesetzt. Großartige Ruinen offenbaren jedoch die großen religiösen und architektonischen Meisterwerke. Die Abtei von Jumièges wurde während der Revolution von einem Holzhändler gekauft, der sie als Steinbruch benutzen wollte. Er zögerte nicht, den hohen und anmutigen Laternenturm, der die Vierung krönte, abreißen zu lassen. Glücklicherweise ist ein Teil gerettet worden. Besser als jede andere zeigt diese Abteikirche den Ehrgeiz der normannischen Architekten: es überwiegen die vertikale Größe und das Licht. Die Fassade wird von zwei hohen Türmen beherrscht. Diese Harmonie wurde in ganz Europa nachgeahmt; überall bestätigten die Normannen ihre Anwesenheit, wie in England und vor allem in Sizilien.

Strenge war die Grundregel. Die Fassade von Saint-Etienne in Caen versinnbildlicht die Nüchternheit dieser Kunst, bei der alles der Reinheit der architektonischen Linien geopfert wird. Die Verzierung ist spärlich; es gibt keine Rosette und keine Ziselierung. Das ist das Erbe von Ravenna, das Lanfranc weitergegeben hat.

Die Kathedrale von Bayeux, die Bischof Odo, Halbbruder von Wilhelm dem Eroberer, fertigstellte, hat Spuren romanischer Ausschmückung bewahrt. Trotz der Umbauten, die während der Zeit der gotischen Epoche stattfanden, scheint die Wand über den Arkaden in den Stein geflochten worden zu sein. Die Flachreliefs in den Eckverblendungen trugen zweifellos irische Handschrift, in der auch der Einfluß Asiens erkennbar wurde. Das große Kirchenschiff wird in der Länge durch zahlreiche Joche belebt, die von Pfeilern und Säulen abwechselnd getragen werden, in der Höhe durch eine Etage mit Tribünen und eine weitere mit hohen Fenstern. Um das Ganze etwas leichter zu machen, verzichteten die Menschen in der Romanik auf schwere Steingewölbe und ersetzten sie durch Holzgebälk.

Es existieren noch andere Kirchenschiffe; sie sind manchmal verstümmelt, zuweilen auch umgestaltet, wie das auf dem Mont Saint-Michel oder das von Cerisy-la-Forêt, das auf drei Joche verkleinert wurde, aber sehr hoch ist durch die drei Etagen, die sich auch im Chorraum und in der Apsis wiederholen. Neben den großen Klöstern gab es auch überall im Herzogtum kleinere Niederlassungen, wo Lehnsherren Mönche ansiedelten.

Raoul de Tancarville berief Mönche in die Abtei Saint-Georges-de-Boscherville, Guillaume Paisnel, der aus einer reichen und mächtigen Familie des Cotentin stammte, in die Abtei Hambye. Hier machen die fehlenden Seitenschiffe das Kirchenschiff noch enger. In der Nähe einer weiten Heidelandschaft errichteten die Lehnsherren von Haye-du-Puits die Abtei von Lessay, die der Schriftsteller Jules Barbey d'Aurevilly (1808–1889) sehr liebte. Die Kirche wurde im Jahre 1944 stark zerstört. Nach ihrer Restaurierung ist sie ein Musterbeispiel romanischer Architektur, sowohl durch die Nüchternheit und die Reinheit ihrer

◀ *Der Turm der Kirche Saint-Laurent in Rouen*

Mittelschiff der Kirche Sainte-Trinité der »Abbaye aux Dames« in Caen

Linien als auch durch die Stärke des Gewölbes und die Anmut ihrer Fenster.

DIE ZEIT DER KATHEDRALEN

Im Jahre 1204 bemächtigte sich Philipp Augustus der Normandie. Das Herzogtum wurde eine französische Provinz, die zum Wohlstand des Königreiches beitrug. Das Symbol dieses langen 13. Jahrhunderts ist ohne jeden Zweifel dieser fromme und gerechte König, der wahre Schlichter Europas, Ludwig IX., der heilige Ludwig. Der politische Frieden förderte die Errichtung von Bauten und die Forschung auf dem Gebiet der Kunst.

Die »gotische« Kunst entstand auf der Ile-de-France; das kann man selbst dann behaupten, wenn man weiß, daß die Kreuzrippen, die den architektonischen Wagemut begünstigen, anglonormannischen Ursprungs sind und auch dann noch, wenn die Fassaden beeinflußt werden durch die großen Abteien des Westens. Die normannische Kunst ist nur eine spezielle Art der französischen Kunst.

Es war die Epoche der Kathedrale. Als Kirche der Stadt und Kirche eines Bischofs war sie ein Beweis für die neue Vormachtstellung der Stadt über das flache Land, des Bürgers über den Bauern, des Weltklerus über die Mönche. Rouen, Bayeux, Evreux, Coutances, Lisieux. . . . . Plötzlich entstanden diese Kathedralen, diese riesigen, alten Bauwerke, die Zerstörungen und Brandanschlägen ausgesetzt waren.

Oft wurden die romanischen Türme befestigt, wie zum Beispiel bei der Kathedrale von Coutances. Sie wurden »eingehüllt«, um die hohen Spitzen mit den grazilen Türmchen zu halten. Über die Vierung erhebt sich der Laternenturm; der Turm der Kathedrale von Coutances ist achteckig und trägt den Beinamen »le Plomb – das Blei«. Hier verbindet sich der vertikale Elan mit dem überfeinerten Wesen der Ausschmückung.

Die Bauarbeiten dauerten lange. Die Kathedrale von Rouen mit ihrem langen Kirchenschiff, dem einfachen, leichten und schlanken Chorraum und ihren Fenstern war zwar am Ende des 13. Jahrhunderts vollendet, wurde aber im Laufe der Jahrhunderte umgebaut. An ihrer Fassade kann man die verschiedenen Bauabschnitte erkennen. Der Turm Saint-Romain ist ein Beispiel der reinen Gotik, das Portal Saint-Jean ein Beispiel der dekorativen Kunst des 13. Jahrhunderts. Am Ende des 15. Jahrhunderts vollendete Guillaume Pontis die stattlichen Türme »de Beurre« und »Librairie«.

Die gotische Kunst schenkte der Normandie auch das Wunderwerk, die »Merveille« des Mont Saint-Michel. Im Norden der großen Abtei wurden auf drei Etagen hohe und große Säle gebaut, die den Rahmen für das tägliche Leben der Mönche abgaben. Nach und nach wurde der Felsen, mitten im Sand, Mittelpunkt großer normannischer Wallfahrten und eines der Wahrzeichen der Provinz. Die Armen wurden in der »Aumônerie« (Raum des Almosenpflegers) aufgenommen, die direkt neben dem Keller lag. Darüber, im hellen »Salle des Hôtes« wurden die Lehnsherren vom Abt empfangen. Die Ordensleute zogen sich in den Nebenraum, den »Chauffoir – Wärmestube« zurück, den heutigen »Salle des Chevaliers – Rittersaal«. Die darüberliegende Etage, die Ebene der Abtei, war reserviert für das Gebet: das große Schiff des Refektoriums öffnete sich in der Tat zum Kreuzgang hin, der zwischen Himmel und Erde schwebte. Kleine Säulen verlaufen rund um einen kleinen Garten. Über ihnen erheben sich Eckverblendungen und Friese, angefertigt aus dem weißen, weichen Kalkstein von Caen. Das Blattwerk und die Früchte sind die besten Beispiele für die geniale Ausschmükkung in dieser Zeit der Gotik.

Am Ende des Mittelalters brachte die gotische Kunst wahre technische Wunderwerke hervor und eine Fülle an Verzierungen; es war die Zeit der Spätgotik. Ein Musterbeispiel hierfür ist zweifelsohne die Kirche Saint-Ouen in Rouen: hier wurde alles auf die Erhabenheit der Proportionen des Innenraums und die Feinheit des durchbrochenen *Triforiums*, der Empore, ausgerichtet. Und da Kardinal d'Estouteville, Pfarrer von Saint-Ouen und gleichzeitig Abt des Mont Saint-Michel war, befahl er seinen Architekten, sich bei der Restaurierung des eingestürzten Chors der Abtei durch das Bauwerk von Rouen inspirieren zu lassen. So entstand am Gipfel des Felsens ein wahrer Wald aus Granit, um die Apsis zu halten. Er ist erreichbar über die berühmte Treppe mit dem beziehungsreichen Namen »aus Spitze – Escalier de Dentelle«.

Wenn auch Rouen die Hauptstadt der Spätgotik in der Normandie ist, so wurden ihre Meisterwerke doch in der gesamten Provinz nachgeahmt. Die Kirche de la Madeleine in Verneuil-sur-Avre wurde durch den Tour de Beurre inspiriert und in Caudebec entstand, nach den Aussagen von König Heinrich IV. »die schönste Kapelle des Königreiches«. Aber trotz allem überlebte die lokale Kunst in den Bildhauerwerkstätten. Bereits am Beginn des 11. Jahrhunderts hatte Enguerrand de Marigny den Bildhauer d'Ecouis mit der Ausschmückung der Stiftskirche betraut. Die gleiche Tradition findet sich am Beginn des 16. Jahrhunderts in den Statuen der Heiligen in der Kirche Notre-Dame in Verneuil wieder.

DIE VERLOCKUNGEN DES ABENTEUERS: VON DEN NORMANNISCHEN REICHEN

Der Leuchtturm am Cap d'Antifer.

Das Hauptschiff der Kathedrale von Rouen.

ZU DEN GROSSEN ENTDECKUNGEN

Hat die skandinavische Tradition den Normannen die Lust am Abenteuer gegeben? Einige Ritter verließen bereits im 11. Jahrhundert ihre friedliche Provinz, um ihr Glück in fernen Ländern zu suchen. Das Christentum breitete sich damals in der ganzen Welt aus: im Heiligen Land, im Islam, im Orient, im Oströmischen Reich war man begeistert von diesen Adligen, die zugleich Pilger und Abenteurer waren. Eine Familie, die von einem kleinen Baron aus dem Cotentin, Tancrède d'Hauteville, abstammte, wurde in diesen grandiosen Heldengedichten besonders berühmt. Der älteste von Toncrèdes zwölf Söhnen, Guillaume, wurde Herzog von Apulien, dank der Gewalt und der Kriege, die in Italien herrschten. Einem jüngeren Sohn der Familie, Robert Guiscard, und seinen Nachkommen gelang es, ein normannisches Königreich in Sizilien zu gründen. Ihr Erbe Manfred, der romantische Held, den Dante, Byron und Schumann besungen haben, fiel im Jahre 1265 durch die Hand des Bruders des heiligen Ludwig, Karl von Anjou.

Während des ersten Kreuzzugs schuf sich Bohemond von Sizilien ein Fürstentum rund um Antiochia, einer großen Stadt des Mittleren Orients. Seine Nachkommen hielten sich lange dort durch die Verbindungen, die sie mit den einheimischen Prinzen eingingen. Diese Königreiche am Mittelmeer offenbarten der Welt den Ruhm und die Macht der normannischen Barone.

Am Ende des Mittelalters reizte der Atlantische Ozean die Normannen. Dank der Entwicklungen in der Schiffahrt und der Wissenschaft, entdeckte Europa neue Kontinente. Die normannischen Häfen Dieppe und Honfleur schickten ihre kühnen Seeleute in die ganze Welt. Ein »Kleines Dieppe« wurde bereits 1364 an den Küsten von Guinea gegründet. Im Jahre 1402 wurde Jean de Béthencourt, ein Edelmann aus dem Pays de Caux, »König der Kanarischen Inseln«. Das war in Afrika.

In Amerika waren zwei »Kinder« aus Honfleur die Wegbereiter. Paulmier de Gonneville ging im Jahre 1503 in Brasilien an Land und Jean Denis im Jahre 1506 an der Mündung des Sankt-Lorenz-Stroms. König Franz I. ermunterte zu Beginn des 16. Jahrhunderts zu weiteren Entdeckungsreisen. Im Jahre 1517 wurde als Ersatz für Harfleur, das immer mehr verschlammte, der »Hafen der Gnade«, das spätere Le Havre gegründet, wo die Flut zwei Stunden andauerte.

Der Berater des Königs in Seefragen, Jean Ango, rüstete eine kleine Flotte auf, die die feindlichen Schiffe angriff. Sein schöner Landsitz bei Varengeville-sur-Mer existiert noch; er ist ein Beweis für seinen großen Reich-

Der Leuchtturm von Gatteville.

◀ *Der Mont-Saint-Michel.*

tum. Giovanni da Verrazano aus Florenz, der »wichtigste Lotse« von König Franz, verließ Dieppe und erforschte »Neu-Angoulême«, das spätere New York.

Während der Religionskriege begannen die großen protestantischen Unternehmungen. Der ehrgeizige Admiral de Villegaignon versuchte, Rio de Janeiro mit Hugenotten aus Le Havre zu besiedeln. Dieses schlug jedoch im Jahre 1555 fehl. Ein Versuch in Florida verlief genauso unglücklich. Der Erfolg kam erst später, zu Beginn des 17. Jahrhunderts: ein Reeder aus

Dieppe schiffte sich in Honfleur ein. Er, Samuel Champlain, gründete Quebec im Jahre 1608. So wurde Kanada gegründet. Während des ganzen Jahrhunderts faszinierte die Entdeckung neuer Länder die Normannen.

Cavelier de La Salle wurde in der Rue du Gros-Horloge in Rouen geboren. Wie viele vor und nach ihm wollte er diese mythische Nordwest-Passage nach China entdecken. Hochmütig wie er war, stieß er mit den Missionaren aus Kanada zusammen. Über die Großen Seen erreichte er den Mississipi; ihm folgte er bis zum Golf von Mexiko. Aus Ehrerbietung für König Ludwig XIV. gab er diesem Landstrich den Namen Louisiana. Der ehrgeizige Abenteurer starb einige Jahre später durch die Hände seiner eigenen Leute.

Ludwig XIV. liebte den Krieg allzusehr. Er führte ihn sowohl auf dem Meer als auch auf dem Land. In seine Flotten berief er Normannen als Seeleute und Admirale. Abraham Duquesne aus Dieppe, der den Reformierten angehörte, wurde auf allen Meeren Europas gefürchtet. Tourville, der im Cotentin geboren wurde, kämpfte unter seinen Befehlen. Vor Barfleur gelang es ihm, am 29. Mai 1692 mit unterlegenen Streitkräften das immense anglo-holländische Heer zurückzuhalten und sogar zu schwächen. Siegreich wollte er sich zurückziehen, aber durch einen furchtbaren Sturm strandete er mit seinen Schiffen an der Reede von Saint-Vaast-la-Hougue. Die Engländer brauchten sie nur noch in Brand zu setzen.

Um eine solche Katastrophe in der Zukunft zu verhindern, riet Vauban zum Bau eines Hafens in der Nähe von Cherbourg, an der Spitze des Cotentin. Die Arbeiten wurden jedoch erst im Jahre 1776 begonnen: man baute die »Auberge de la Manche – die Herberge am Ärmelkanal«. Als Schutz gegen das Meer rammte man neunzig Holzkegel, gefüllt mit Bruchsteinen und Mörtel, in den Grund. Dieses grandiose Unterfangen war für König Ludwig XVI. Anlaß, mit großem Pomp durch die Normandie zu reisen. Das war im übrigen seine einzige große Reise vor seiner unglückseligen Flucht nach Varennes. In Anwesenheit des Königs wurde einer dieser Kegel in das Meer gesenkt. Aber es war Napoleon III., der im Jahre 1858 den Militärhafen einweihte: der Ozean hatte dem Menschen ein Dreivierteljahrhundert widerstanden.

DIE NORMANNEN, EIN EPOS IN GEFAHR

Drei Mal in einem Jahrtausend hat sich die Geschichte der Normandie in ein Heldenepos verwandelt. Hier spielte sich das Schicksal Europas, ja das der ganzen Welt, ab.

Am 27. September 1066 verließ der Herzog der Normandie, Wilhelm, den Hafen von Dives, in der Nähe des heutigen Cabourg. Er wollte England erobern: aus Wilhelm wurde der »Eroberer«. Dieser Bastard hatte die Heiden des Cotentin bekämpfen müssen, sowie seine ehrgeizigen Verwandten, seinen Lehnsherrn, den König von Frankreich, um seine Macht aufzwingen zu können. Der König von England war Wilhelms Vetter, aber nach seinem Tod errang sein Schwager, der Sachse Harold Godwinson, die Krone. Dieser Mann jedoch, der vormals an den Küsten der Picardie gestrandet war, hatte sich dem mächtigen Herzog unterworfen und unter Eid dessen Ansprüche auf den englischen Thron anerkannt.

Dieser große, gefährliche und teure Feldzug mußte Harold, den der Papst exkommuniziert hatte, strafen. Die große Schlacht von Hastings war unentschieden, aber der Sachse war tot: im Oktober 1066 setzten sich die Normannen, die schon auf englischem Boden zugegen und mächtig waren, endgültig durch. Der Teppich von Bayeux erzählt dieses Heldenepos. Diese große Stickerei wurde auf Anweisung von Bischof Odo, Wilhelms Halbbruder, angefertigt. Es ist ein Meisterwerk des Humors, der Intelligenz und der Poesie, eine wahre skandinavische *Saga*, der erste Bilderbogen.

Die Normannen zwangen England ihre Sprache, ihre Gesetze, ihre Sitten und ihre Kunst auf. Ein großes normannisches Königreich breitete sich diesseits und jenseits des Ärmelkanals aus. Als die Normandie vom 13. Jahrhundert an französische Provinz wurde, war sie das Objekt englischer Begehrlichkeit.

Das zweite schicksalhafte Datum ist der 12. Juli 1346, als der König von England, Eduard III., in Saint-Vaast-la-Hougue, am äußersten Ende des Cotentin, an Land ging. Ein Adliger aus der Normandie, Godefroy d'Harcourt, der sich gegen den König von Frankreich auflehnte, führte ihn durch seine Provinz. So begann der Hundertjährige Krieg. Die großen Niederlagen der französischen Ritterschaft fanden in Crécy, Poitiers und Azincourt statt. Die Armeen, die örtlichen Konflikte und die Pest suchten die Normandie heim. Und während dreißig Jahre war sie ein Teil von England. Es war die Zeit des »Goddons«, denn das war der Spitzname für die Engländer, ein Name, der bedingt war durch ihren Fluch »God dam«. König Heinrich V. und danach sein Bruder, der Herzog

Der Felsen « Vache Noire » in Villers-sur-Mer.

von Bedford, verfügten eine lockere und freundliche Herrschaft, der sich die Notabeln, Bischöfe, Geistlichen und Bürger mühelos unterwarfen. In diesem traurigen 15. Jahrhundert gab es kaum ein »Nationalgefühl«. Eine junge Frau jedoch stärkte es, und zwar die begnadete Hirtin aus Lothringen, Jeanne d'Arc. Aber sie wurde am 30. Mai 1431 auf dem Place du Vieux-Marché in Rouen verbrannt.

Der dritte entscheidende Zeitpunkt für die Menschheit, der »D-Day«, der längste Tag, veränderte an den normannischen Küsten das Schicksal der Welt. Hier landeten die alliierten Streitkräfte, die Amerikaner am Omaha-Beach (zwischen Colleville und Vierville) und am Utah Beach (zwischen Ravenoville-Plage und Sainte-Marie-du-Mont), die Engländer und die Kanadier in Gold, Juno und Sword.

Das Flugzeug, der Panzer und der Mensch waren dabei: die Generäle Bernard Law Montgomery, Dwight D. Eisenhower und George Patton leiteten den Angriff. Am 6. Juni 1944 begann der Sturm auf die Hitler-Festung. Dank einer Umgehungsbewegung wurde der Cotentin zurückerobert: Cherbourg fiel im Juni. Während dieser Zeit wurde Caen nach einem zwei Monate andauernden Kampf und elftägigem Brand eingenommen. Danach folgte die Schlacht von Saint-Lô, der schmerzliche »Heckenkrieg« gefährdete die gelandeten Truppen, denn die normannische Landschaft (»le bocage«) mit ihren Hohlwegen und ihren Böschungen erschwerte das Vorwärtskommen.

Am 25. Juli erreichte die »Operation Cobra« den großen Durchbruch. Eine deutsche Gegenoffensive rund um Mortain wurde rasch gestoppt. Die Normandie war in der Hand der Alliierten, aber das Land war verwüstet. Ganze Städte waren dem Erdboden gleich. Am Ende des Krieges begann der Wiederaufbau.

Caen wurde ein Stadt mit einem völlig veränderten »Gesicht«; vor allem das Schloß wurde freigeräumt und neu gestaltet.

Der Name des Architekten Auguste Perret ist eng verbunden mit dem Wiederaufbau von Le Havre; er ließ das moderne Viertel, die Porte Océane und die Kirche Saint-Joseph erbauen. Viele bedeutende Bauwerke waren zerstört, wie die Kirche Saint-Maclou

◀ *Uberreste des amerikanischen Hafens in Arromanches.*

von Rouen, deren schöne Portale während der Renaissance von Jean Goujon gestaltet worden waren. Sie mußten verstärkt werden.

DEAUVILLE, TROUVILLE, CABOURG ODER DIE MEERBÄDER

Die Normandie ist sowohl durch ihre Nähe als auch durch ihre Geschichte zu sehr mit England verbunden, um nicht auch die dort herrschenden Moden zu übernehmen. Eine von ihnen, die wahrscheinlich am Ende des 18. Jahrhunderts eingeführt wurde, die der »Meerbäder«, hat überlebt. Ging Alexandre Dumas Vater auch gerne nackt am Strand spazieren, so war die Herzogin des Berry, die Schwiegertochter Karls V., die Erste, die es wagte, öffentlich in Dieppe zu baden. Aus gesundheitlichen Gründen natürlich, denn es war ein Arzt, mit weißen Handschuhen, der sie in den Ärmelkanal führte. Das Untertauchen der königlichen Hoheit im Wasser wurde durch einen Kanonenschuß begrüßt.

Der Snobismus trug dazu bei, daß aus dem ärztlichen Vorwand ein Vergnügen wurde. Von nun an zogen das Wasser, der Sand und die Sonne die Menschen an: es folgten ganze Tage am Strand. Diese totale »Muße«, diese sommerliche Leere, dieses *»farniente«* nahm im Leben der wohlhabenden Familien einen bestimmenden Platz ein. Sie sehnten die Ferien herbei, organisierten und erwarteten sie.

Die Aristokratie bevorzugte lange Zeit den Aufenthalt in ihren ländlichen Schlössern und überließ dem reichen Bürgertum die Badeorte. Aber mit dem Zweiten Kaiserreich näherte sich die soziale Aussöhnung: der Herzog von Morny, Bruder Napoleons III., Sohn der Königin Hortensia und Enkel von Talleyrand, der unredliche Finanzmann, geschickte Politiker und geistliche Weltmann, machte aus Deauville den Begegnungsort des »Tout-Paris–Ganz-Paris«.

Der Zug erleichterte die Fahrt von der Hauptstadt zur Küste und in dem Maße, in dem die Freizeitbeschäftigungen allen Bevölkerungsschichten zugänglich wurden, brachten die »Vergnügungszüge« die Städter, die begierig waren nach Ablenkung und Tapetenwechsel, für ein Wochenende, ein »geheiligtes *Week-end*«, dorthin. Die

◀ *Le Havre, eine fast ganz neue Stadt.*

Deauville, von Trouville aus gesehen.

Panorama von La Roche d'Ouëtre aus gesehen. ▶

Sommerwohnungen, barocke und prunkvolle Villen, beeinflußt durch Italien, oder herkömmliche, behagliche und vertraute kleine Landhäuser lagen verstreut entlang der Küste.

Eine neue Welt nahm Form an. Der Schriftsteller Marcel Proust (1871–1922), der die »in Blüte stehenden Mädchen« liebte, war ihr verständnisinniger, amüsierter und träumerischer Chronist. Hinter dem imaginären Balbec hob sich das wirkliche und elegante Cabourg scharf ab. Der Heranwachsende besuchte häufig die Korridore des Grand Hôtel, ein Luxushotel der Stadt.

Eine eigenartige Architektur war in den Badeorten entstanden. Dabei war die am Meer entlangführende Straße begünstigt durch vornehme weiße Fassaden und die »Promenaden«, wie in Deauville und in Trouville, auf denen die Gaffer spazierengingen. Es entstand eine Gesellschaft, die zusammengesetzt war aus den Stammgästen, dem Notar, dem Präsidenten der Anwaltskammer und dem ersten Präsidenten. Sie hatte ihre Bräuche, ihre Abwechslungen und Geschichten.

Während des Tages genoß jeder die Sonne. Wenn auch unwahrscheinliche Badeanzüge mit Streifen plötzlich auftauchten, behielten die Damen meistens ihre Kleidung an. Kabinen auf Rädern wurden bis ans Meer gefahren, wenn eine von ihnen sich doch hinein wagte. Man lebte »an der frischen Luft, vor den Wellen«, wie Proust es ausdrückte, und das war eine große Neuerung. Aber das freudlose Betrachten des Wassers konnte nicht genügen; es blieben die langen Abende. Die Feriengäste spazierten dann am Hafendamm entlang. Hier sah der kleine Marcel zum ersten Mal Albertine und ihre schelmischen und fröhlichen Freundinnen. Als Marcel Proust älter war, ging er ins Kasino, wo man spielte und tanzte.

Die Kasinos, großartige Bauwerke in Badeorten wie Trouville und Deauville, trugen oft zum Ansehen der Stadt bei. Um die Zeit zu vertreiben, kamen Freunde zu Besuch; so ging der »Clan Verdurin« zur »Patronne« in der Nähe von Balbec. Oder sie besuchten als Touristen die Provinz und ihre Kirchen, die man zu jener Zeit, am Ende des 19. Jahrhunderts, wiederentdeckte.

Dann kam von jenseits des Ärmelkanals der Sport, insbesondere Tennis und Reiten, der die jungen Leute ganz besonders reizte. Das Meer regte die Phantasie der Maler an: Eugène Boudin (1824–1898) wurde inspiriert durch die eleganten Leute, die im Meer badeten. Er zog die neuen Impressionisten auf den Bauernhof Saint-Siméon in Honfleur.

Die Freude und die Freizeitbeschäftigung waren die neuen Berufungen an allen normannischen Küsten, der des Pays de Caux mit Etretat, der Corniche Normande mit Honfleur, der Côte Fleurie mit Deauville und den Mün-

dungen der Fouques und der Dives, der Küste des Calvados mit Courseulles und der des Cotentin mit Granville.

EMMA BOVARY ODER EIN HEIMATROMAN

Gewiß, der Dichter François Malherbe (1555–1628) wurde in Caen geboren und der Dramatiker Pierre Corneille (1606–1684) in Rouen. Aber die Normandie spiegelt sich kaum in ihren Werken wider. Alexis de Tocqueville, der Staatsmann und scharfblickende Historiker des »*Ancien Régime*« *und der Revolution* erwähnte sie auch kaum, obwohl er sehr lange Zeit in dem Schloß seiner Vorfahren, am äußersten Ende des Cotentin gelebt hatte.

Der Roman hingegen ist stark verwurzelt im normannischen Boden. Unter dem Einfluß der realistischen und der naturalistischen Schule suchten die Schriftsteller in der provinziellen Realität eine neue Inspiration. Die Normandie, mit ihren Landschaften und ihren Menschen, war ein »Tapetenwechsel« für diese Bürgerlichen, für die Gebildeten und die Pariser. So entstand dieser imaginäre Marktflecken von Yonville-l'Abbaye mit seinen verschlossenen und eigensinnigen Bauern und seinen zufriedenen und engstirnigen Notabeln. Hier träumte, langweilte sich, liebte und litt eine junge Frau für alle Zeit: Emma Bovary, Madame Bovary.

Die Normandie ist der bevorzugte Rahmen für die Romane von Gustave Flaubert (1821–1880), dieser »Idiot der Familie«, der in Rouen geboren wurde und in Croisset, dessen »Einsiedler« er wurde, lebte. »*Bouvard und Pécuchet*« (Roman von Flaubert) zogen sich hierher zurück, um ihre verrückten Experimente durchzuführen. In Pont l'Evêque lebte und starb, in der Nähe seines geliebten Papageien, das »*einfache Herz*« Félicité, die ergebene Dienerin von Madame Aubain. Hat nicht ein Fenster der Kathedrale von Rouen den Schriftsteller bei der Abfassung seiner »*Légende de Saint Julien l'Hospitalier – Legende von Sankt Julian, dem Gastfreien*« inspiriert?

Auch Guy de Maupassant, Flauberts geistiger Sohn, wollte gedemütigte Menschen beschreiben, wie zum Beispiel »*Boule-de-Suif – Fettkugel*« (Mädchen in einer Novelle aus »Soi-

◀ *Fachwerkhäuser in Honfleur*

rées de Médan«), die Prostituierte von Rouen oder die Mädchen aus dem »*Maison Tellier – Haus Tellier*« in Fécamp. Aber für diese Schriftsteller war das normannische Land auch die heimatliche Erde, der Ort der Erinnerung und der Zuflucht.

Der Marquis de Maupassant wurde im Schloß Miromesnil in der Nähe von Dieppe geboren. Daran erinnerte er sich zweifellos, als er die Domäne »des Trembles« in »*Une Vie – Ein Leben*« beschrieb.

Der Schriftsteller Jules Barbey d'Aurevilly (1808–1889) wurde in Saint-Sauveur-le-Vicomte in der Nähe der Abtei von Hambye geboren. In seinen Werken fehlte der Cotentin nie. Präsent waren die heldenhaften Aristokraten wie der »*Chevalier des Touches*«, die Wehmütiggestimmten und die Träumer aus Valognes im Schatten des schönen »Hôtel de Beaumont«, die Angst einflößenden Bäuerinnen wie die »*Ensorcelée – die Verzauberte*«.

In andern Romanen ist die Normandie eine wichtige Persönlichkeit. In ihrem Schloß »Les Nouettes«, in das sich die Herzogin von Ségur (1799–1874) zum Beginn des Sommers begab, beschrieb sie in einem Park die harmlosen Spiele ihrer *vorbildlichen Enkelinnen*; so schuf sie ein beruhigendes und sonderbar verzerrtes Bild der Kindheit und der Natur. Im Kapitel »*Aiguille creuse d'Etretat*« des Buches »Die Abenteuer des Arsen Lupin« von Maurice Leblanc sammelt der vornehme Einbrecher seine Beute nach seinen Übeltaten und Raubzügen.

Aber der humoristische Schriftsteller Alphonse Allais, der Sohn des Apothekers von Honfleur, beschreibt auch eine malerische Provinz. Eine stimmungsvolle Provinz schildert Lucie Delarue-Mardrus in ihrem Werk. Der Philosoph Emile Chartier, genannt Alain (1868–1951) fragt in seinen »*Propos d'un Normand – Glossen eines Normannen*« nach der unvergänglichen Provinz. Ist die Normandie auch das Land der Romanciers und der Schriftsteller, so ist sie auch eines der fruchtbarsten im Hinblick auf den Roman und die französische Literatur.

Die Bucht des Mont Saint-Michel

Denn die normannischen Landschaften bezauberten viele Schriftsteller, die anderswo geboren sind. Als André Gide »*L'Immoraliste – Der Immoralist*« schrieb, dachte er an den algerischen Sand, an die Milde von La Roque. Sein Großvater war dort lange Zeit der Nachbar von Minister Guizot, der in der ehemaligen Abtei von Val-Richer seine Geschichtswerke zu Ende führte und sich in seinem Innern als Normanne fühlte. Gide wurde bei seiner Familie im Dorf von Cuverville, wo er sich oft aufgehalten hatte, beerdigt.

Maurice Maeterlink, der aus Belgien stammte, der Autor von »Pelleas und Melisande«, wohnte in der Abtei Saint-Wandrille, bevor die Benediktiner dorthin zurückkehrten. Auf den vielen Straßen entdeckt der Reisende zahlreiche »Namen von Ländern«, die Marcel Proust faszinierten und sich in seinem Werk wiederfinden: Frobervile, Rivebelle, Cambremer...

Und man sollte nur daran denken, welchen Stellenwert die Normandie im Werk und im Leben von Victor Hugo einnahm! Charles Vacquerie und seine junge Frau, Tochter von Victor Hugo, machten eine Bootsfahrt auf der Seine; der bürgerliche und stattliche Familienbesitz beherrschte den Fluß: Villequier, an der Trichtermündung, am 4. September 1843. Da geschah plötzlich das Drama: die junge Frau fiel ins Wasser und Charles starb bei dem Versuch, sie zu retten. Das war am folgenden Tag die erste Meldung der Tageszeitungen. Und als Victor Hugo, auf Reisen mit seiner Geliebten, sie las, erfuhr er den Tod seiner Tochter Léopoldine. Der Dichter kam jedes Jahr zum Friedhof von Villequier, wo er »... in der Ferne die Segel auf Honfleur zusteuern sah.«

Der Baron Hugo, Mitglied der Pairskammer von Frankreich, aber im Herzen Republikaner, ging nach dem Staatsstreich von Louis-Napoléon Bonaparte ins Exil. Er wählte dafür die anglo-normannischen Inseln. Zwanzig Jahre lang lebte er auf der Insel Jersey, danach auf der Insel Guernesey. Er betrachtete das Meer. Aber er schrieb auch. So entstanden auf die-

Lisors: Die Ruinen der Abtei von Mortemer

sem englischen Boden viele große Epen.

WELCH NORMANNISCHES BEWUSSTSEIN? VON RICHARD WACE BIS ANDRÉ SIEGFRIED

Im Jahre 1913 schrieb André Siegfried (1875–1959), als er die »*Politische Lage in Westfrankreich*« analysierte: »Die Normannen sind keine Franzosen.« Gab es im Laufe der Jahrhunderte wirklich ein »normannisches Bewußtsein«?

Ein Volk aus dem Norden hatte sich dort niedergelassen und in der Normandie einen autonomen Staat geschaffen. Dieser besaß einen aggressiven und begeisterten Dichter, den Domherrn von Bayeux, Richard Wace (1100–1175). In seinem »*Roman de Rou – Roman von Rollo*« greift dieser Frankreich und die Franzosen heftig an. Andere Chronisten, wie Orderic Vital begnügten sich damit, die Großtaten der Herzöge zu rühmen. Als die Normandie französisch wurde, überdauerten diese Erinnerungen die Jahrhunderte. Am Beginn des 14. Jahrhunderts forderten einige Notabeln den Schutz der normannischen Traditionen. König Ludwig X., der Zänker, gewährte den Normannen die Charta, die erste dieser Art in Frankreich, die die Rechte der Normannen und die der Normandie im Namen des Gewohnheitsrechts bestätigte.

Als Johann II., der Gute, in seinem Beisein die Berater seines Sohnes Charles, Herzog der Normandie, ermorden ließ, geschah dieses, weil er eine Allianz dieses Erben mit seinem ehrgeizigen Cousin aus Navarra befürchtete, einem mächtigen Mann im Herzogtum, Charles genannt »le Mauvais – der Böse«. Und wenn beim Tode Karls V. die Bevölkerung von Rouen »Haro« schrie, so war das nur ein Wutausbruch des Bürgertums und des Volkes gegen die unpopulären Steuern. Diese Auflehnung glich all denen, die zur gleichen Zeit in den großen Städten Frankreichs ausbrachen. Gewiß, im 16. Jahrhundert suchten Kriege die Provinz heim, aber sie wurden im ganzen Land durch religiöse Leidenschaften und keineswegs durch politische geschürt. Obwohl der Herzog von Longueville Gouverneur der Normandie und ein sehr ergebener Gemahl war, gelang es der ungestümen Herzogin, der Schwester Ludwig II., des »Grand Condé« nicht, die Provinz in die Fronde gegen Mazarin einzubeziehen. Die schöne Aufständische mußte nach England fliehen.

Während der französischen Revolution litten Bauern und Bürger unter den revolutionären Ausschreitungen, aber sie wagten es nie, sich gegen die Pariser Macht aufzulehnen. Nur ein junges Mädchen verließ Caen, begab sich nach Paris und ermordete einen Journalisten in seiner Badewanne; Charlotte de Corday d'Armont machte Jean-Paul Marat zum Märtyrer der Revolution.

Als im 19. Jahrhundert die regionale Kultur durch die nationale verblaßte, versuchten einige Leute im Namen der Folklore aber auch der Tradition den ursprünglichen Reiz zu retten. Arcisse de Caumont war der geistige Urheber dieser neuen Bewunderung der Normandie.

Historiker wie Léopold Delisle und Graf de Beaurepaire, Archeologen wie Auguste Le Prévost und der Geistliche Cochet, Dichter wie Louis Beuve schlossen sich dieser Bewegung an. Im 20. Jahrhundert wollte Jean de la Varende, ein Edelmann und Landwirt, ganz und gar erfüllt von der Vergangenheit, die Legenden und das Brauchtum der Normandie besingen.

Nach und nach wurde die Provinz wiederentdeckt. Die Denkmäler aus dem Mittelalter erstanden wieder: die Romantik hatte den Geschmack der Menschen verändert. Der Mont Saint-Michel war kein trostloses Gefängnis mehr und die Reisenden, die sich an die untere Seine mit ihren großartigen Festungen begaben, wurden an die Landschaften am Rhein und an die *Burgen*, die Victor Hugo beschrieben hatte, erinnert. Der *Tourismus* erblühte: von nun an entdeckte jeder *»Par les Champs et les Grèves – Über Felder und Strände«*, wie ein Werk von Flaubert betitelt ist, die Landschaften der Normandie.

ÜBER FELDER UND STRÄNDE: LAND UND LANDSCHAFTEN DER NORMANDIE

Die Normandie ist ein »Ozean in Grün«, wie der Schriftsteller Henri Stendhal (1783–1842) es ausdrückte oder ein »Teller mit rohem Sauerampfer«, der an Flauberts Zähnen ein unangenehmes Gefühl hervorrief. Das ist auf alle Fälle das Bild, das der Reisende in Erinnerung behält und das nicht ohne literarische Beigabe. Diese Provinz steckt jedoch voller Kontraste.

Im Westen gehört sie noch zum »Massif Armoricain«, dessen Felsen aus der Primärzeit durch die Jahrtausende ausgehöhlt wurden. Die Halbinsel Cotentin ist ein »kleine Bretagne«, der Zufluchtsort der alten Legenden und alten Glaubensbekenntnisse. Dieses »Ende der Erde« hat im Norden zwei Kaps, den »Nez de Jobourg« in der Nähe des »Cap de la Hague« und im Osten die »Pointe de Barfleur«.

Auf dieser Halbinsel könnte Cherbourg Brest und Granville Lorient entsprechen. In diesem alten Gebirgsmas-

Die romanische Kirche von Thaon

siv ist der »Val de Saire« eine anmutige Landschaft mit einem milden Klima und bewaldeten Abhängen. Die Küsten der Halbinsel Cotentin, die früher genauso zerklüftet waren wie die der Bretagne, wurden mit Sand aufgeschüttet und begradigt. Die Heidelandschaften wie in Lessay (die »Landes de Lessay«) sind öde. Manchmal wurden sie als *Polder* rekultiviert wie zum Beispiel in Créances. Natürliche Düngemittel – Algen und Meerschlamm, grauer Schlamm – haben diese Niederungen fruchtbar gemacht.

Entlang der Küsten bilden die Granitfelsen regelrechte Felsvorsprünge und mitten im Meer Hügel. So kommt die Erde der Inseln Chausey als Klippe zum Vorschein. Und auf einem Felsen, umgeben von Wasser und Sand, wurde vor tausend Jahren die Abtei des Mont Saint-Michel gegründet. Ihren Namen trägt auch die riesige Bucht, die sie überragt.

Der Sockel aus der Primärzeit verläuft zum Süden hin. Die Orne hat hier Windungen eingegraben und so entstand eine neue Landschaft, die den schönen Namen »normannische Schweiz« bekam. Sie erstreckt sich rund um Clécy. Es ist ein Freizeitgebiet, in dem Fischen, Rudern, Bergsteigen, Wandern und Reiten Vorrang haben. Und noch weiter südlich gehören die höchsten Berge Westfrankreichs auch zur Normandie. Einer von ihnen erhebt sich mitten im Wald von Ecouves, ein Hochwaldgebiet, in dem Hirsche leben und Hetzjagden stattfinden. Ein anderer Berg ist der »Mont des Avaloirs«. Das Tal der Sarthe verläuft zwischen den Granitfelsen, die von Heidekraut bedeckt sind. Zusammen machen die »Corniche du Pail« und das Tal – »Vallée de Misère« den Reiz der »Alpen der Gegend um Le Mans« aus, gewiß eine ehrgeizige und suggestive Bezeichnung.

Im Landesinnern überwiegt der Bocage. Diese Landschaft paßt gut zu dem milden und feuchten Klima des Westens. Ihren Namen verdankt sie dem altfranzösischen Wort *»bos«* oder *»bosc«*, der Wald. Die Gegend südlich der Halbinsel Cotentin, rund um Vire und Flers, wird übrigens der »normannische Bocage« genannt. Die Wälder, die sich über die gesamte Normandie erstreckten, wurden im frühen Mittelalter gerodet. Später, im 13. und im 14. Jahrhundert, durften die Bauern einem Erlaß zufolge ihre Felder einfrieden. Aber das Gras siegte erst endgültig im 19. Jahrhundert als die Landwirte auf den Getreideanbau verzichteten, um sich der Viehzucht zu widmen. Zehn Monate lang wächst auf den Weiden zartes Gras. Während des kurzen Winters verläßt das Vieh das Weideland, das von Hecken umgeben ist. Dann wird es mit Rüben, Heu oder Kohl gefüttert.

Die Normandie ist aber auch ein Teil des Pariser Beckens. Der Ärmelkanal, dieser schmale Kanal, hat sich aus geologischer Sicht erst vor kurzer Zeit zwischen zwei weiten Kesseln gebildet, die das Meer schon im Erdmittelalter mit Ablagerungen bedeckt hatte. So entstand dieser breite Golf, in den sich die Seine ergießt. Zur Zeit der alpinen Faltung wurden die Ablagerungsgebiete wellenförmig. Im Süden bilden nur die Hügel der »Perche« den höher gelegenen Teil, dieses Übergangsgebiet zwischen der Beauce, dem Armorika und der Normandie. Und ganz im Norden der Provinz, ganz am Ende der Picardie, befindet sich eine zerklüftete Kuppe. Inmitten der Kalklandschaft entwickelte sich eine tonhaltige Senke: das ist das »Knopfloch« des »Pays de Bray«. Die Quellen fließen zum Termalbad Forges-les-Eaux und vereinen sich dort. Dieses Viehzuchtgebiet versorgt Paris mit Butter, Sahne und frischem Käse.

Die Bocage-Landschaften verlaufen weiter im abgelagerten Sedimentärkessel, so daß die drei Départements der Basse-Normandie – Calvados, Orne und Manche – ein Zehntel der französischen Rinder besitzen und ein Zehntel der verkauften Milch produzieren. Der »Bessin«, die Gegend um Bayeux, ist ein tonhaltiges Land, wo die Hekken große Löcher aufweisen. Seit dem 17. Jahrhundert ist Isigny wegen seiner Butter und seiner blühenden Viehzucht bekannt. Das »Pays d'Auge« mit seinen beiden Flüssen Dives und Touques ist eine Art Zusammenfassung dessen, was einem an der Normandie gefällt.

Hat sich Delphine de Custine nicht hierher in ihr Schloß in Fervaques zurückgezogen, um hier mehrfach ihren Freund Chateaubriand zu empfangen? Dieser bekanntlich arme Boden aus Ton und Flint hat einen vollendeten Typ des Bocage hervorgebracht: diese Gegend der perfekten Kochkunst ist das Reich des Cidre und der Sahne. Schon seit dem 13. Jahrhundert sind Pont-l'Evêque und Livarot bekannt durch ihren Käse. Zu Beginn des 19. Jahrhunderts hat die Bäuerin Marie Harel in der Nähe von Vimoutiers einen anderen Käse erfunden. Früher hatte er eine bläuliche Rinde; sie wurde jedoch durch eine weiße ersetzt. Dieser Käse erhielt seinen Namen nach dem Dorf, in dem er erfunden wurde: Camembert. Er eroberte die Welt.

Aber inmitten dieser Landschaft mit den Hecken gibt es zum Osten hin immer mehr Gegenden ohne diese. Die Lücken lassen sich durch die Beschaffenheit des Bodens, das Klima und die örtlichen Traditionen erklären. Hier sind die Felder offen und es gibt nur einige Bäume. Dabei handelt es sich um das »Ackerland« von Caen, Argenton und Alençon im Westen und um das von Neubourg und Evreux im Osten. Manchmal hat der Schlamm den Boden fruchtbarer gemacht; dadurch wurde die Getreidezucht ermöglicht. Sie überwiegt auch nördlich der Seine, auf dem kreidehaltigen Plateau des Pays de Caux. Dort werden zusätzlich Zuckerrüben und Flachs angebaut. Wälder wachsen sogar auf dem Lehmboden an den Abhängen zu den Tälern.

Im Herzen der Normandie, jedoch so als ob es nicht dazu gehörte, bildet das Seine-Tal eine sonderbare Welt. Im Laufe der Zeit, als sich der Meeresspiegel veränderte, bildete sich der Fluß. Steilküsten, die stromabwärts immer höher werden, beherrschen so den Flußlauf. Auf einer dieser Felswände hat Richard Löwenherz die furchterregende Zitadelle des Château -Gaillard erbaut. Auf diesen Anhöhen war der Verkehr beschwerlich. Die Straßen verliefen entlang den Plateaus und nicht unten im Tal. Zwei große Brücken, wahre Wunderwerke zeitgenössischer Technik und Kunst, führen in Tancarville und in Brotonne über den Fluß mit seinen großen Windungen. Städte entstanden dort, wo der Übergang am einfachsten war: Rouen, Duclair, Caudebec.

Die Häfen in den Flußmündungen mußten, als sie versandeten oder als die Schiffe immer größer wurden, stromabwärts verlegt werden. Das war der Fall für Lillebonne in der galloromanischen Zeit, für Harfleur, Honfleur und Le Havre in der Neuzeit. Der Fluß war lange Zeit ruhelos. Er verließ die Flußwindungen, was zum Beispiel die Entstehung des Marais Vernier, eines Sumpfgebietes, zur Folge hatte. Nach und nach wurde der Fluß, in dem es viele Inseln, Moor und Sand gab, neu angelegt. Trotz des fruchtbaren Bodens blieben entlang des Flusses große

Die Brücke von Tancarville.

Blick auf die Seine vom Schloss Gaillard aus. ▶

Wälder erhalten. Sie gefielen Chlodwigs fahrenden Rittern. Auch ihre Nachkommen, die gerne auf die Jagd gingen, schützten die Wälder von Roumare, Mauny, Jumièges, Trait und Brotonne.

Entlang der regulären Küsten des Ärmelkanals erheben sich Felswände. Oberhalb von Houlgate wurden dunkle Felsen vom Wasser ausgewaschen, dadurch entstand der eigentümliche Reiz der »Vaches Noires«. Im Pays de Caux bilden die Kreidefelsen gegenüber dem Meer eine richtige Barriere. Diesen weichen Felsen hat das Wasser oft ausgewaschen. Dadurch hat Etretat die schönsten Skulpturen bewahrt, die »Aiguille«, eine siebzig Meter hohe Felsennadel und seine »Porte d'Aval«, ein vorspringendes natürliches Felsentor. Die Trockentäler, auch »valleuse« genannt, bleiben auf dem Felsen über dem Wasser »hängen«. Sie sind ein Zeichen dafür, daß es hier früher reißende Flüsse gab. Oft verbergen sich hier auch kleine Dörfer. Im Westen der Seine ist Port-en-Bessin der einzige Hafen, in dem moderne Trawler ausgerüstet werden.

Honfleur mit seinen alten Hafen-

Die römischen Ruinen von Lillebonne.

becken gehört der Vergangenheit an. Es ist jetzt ein Jachthafen. Im Osten der Seine bewahrt Fécamp die Tradition der Neufundlandfischer, das heißt der Seeleute und Schiffe, die sich plagen mußten, um an den Neufundlandbänken den Kabeljau fischen zu können. Anderswo, in Dieppe und Le Havre zum Beispiel, überwog der Handel.

DER APFEL, DIE KUH UND DAS PFERD

Der Apfel ist die normannische Frucht schlechthin. Die Dichterin von Honfleur, Lucie Delarue-Mardrus (1880–1945), erinnerte sich an ihre normannische Kindheit »deren Duft wie der eines Apfels war«. Der Herr von Gouberville besaß bereits im 16. Jahrhundert in seinem Obstgarten im Cotentin vierundzwanzig verschiedene Sorten von Apfelbäumen. Diese Bäume gruppieren sich um die Häuser, wachsen aber auch verstreut auf den Feldern, die sie Anfang Mai mit diesen »rötlichen Blumen« bedecken, deren »Schleppe aus weißem Satin« Marcel Proust so sehr bewunderte.

Rote Äpfel, gelbe Äpfel, Frühäpfel, weiche und milde Äpfel des »Bocage«, späte Äpfel, hart und lagerfest aus dem Pays d'Auge werden von Anfang September bis zum Dezember geerntet. In der Nähe der Bauernhöfe werden die Apfelhaufen immer höher: sie werden zur Herstellung des Cidre verwandt. Früher ein Heilmittel gegen manches Leiden ist er heute ein einfaches Vergnügen. Es wird auch ein Schnaps gebrannt, der »Calvados«. Man trinkt ihn bei Festessen zwischen den Gängen; so huldigt man der Sitte des »trou normand«, des »normannischen Loches«. Bei der Hochzeit von Emma Bovary »stand der Schnaps, in Karaffen gefüllt, an den Ecken des Tisches«.

Die Züchtung der Rinderrassen entwickelte sich ab der Mitte des 19. Jahrhunderts zu einer der Leidenschaften der Landwirte. Die Adligen, die aus der Emigration nach Frankreich zurückgekehrt waren, wollten die vornehmen Bauern von jenseits des Ärmelkanals nachahmen. Es wurde ein *»herdbook«* angelegt, in dem die besten Zuchttiere der Gegend eingetragen wurden. Die englische Rasse aus Durham gefiel einigen Normannen, aber zum Schluß setzte sich die einheimische Rasse des Cotentin durch, dank ihrer Qualität. Eine ganze Dynastie, wie die Noëls, züchtete eine Dynastie starker Bullen, deren bekannteste »Silencieux« war. Diese Zucht wurde zu einer der größten »Spekulationen« der normannischen Landwirtschaft. In einem Land, das immer reicher wurde, in der Nähe des riesigen Pariser Marktes, konnte der Bedarf an Milch und Fleisch nur dazu ermutigen. Einer der größten Viehmärkte ist zweifellos der von Lessay an der Westküste des Cotentin, am Fest der Kreuzerhöhung, im September.

Die Pferdezucht profitierte von der alten aristokratischen Tradition, für die das Reiten ein Privileg war. Colbert hatte das Gestüt »du Pin« im Pays d'Argenton gegründet, dessen Hauptgebäude nach den Plänen von Mansart errichtet wurde. Hier wurden die Zuchthengste der schönsten Rassen gehalten. Vom 18. Jahrhundert an bevorzugte man das englische Vollblutpferd. Dieses schöne Tier wurde auch der Favorit der Pferderennen. Ende August findet der Verkauf der *»Yearlings«* statt, dieser eineinhalb Jahre alten Fohlen, ein kommerzielles und gesellschaftliches Ereignis.

◀ *« Der Apfel, die Kuh und das Pferd » (hier ist das Gestüt « du Pin »).*

Im Jahre 1937 erhielt die Pferdezucht Bereicherung durch eine neue reine Rasse. Es handelte sich um den französischen beziehungsweise normannischen Traber. In der Landwirtschaft benutzte man seit langem die kräftigen Zugpferde, wie das »cob« (ein kleines starkes Pferd) und den Percheron. Dieses schöne Tier mit dem gescheckten Fell verdankt seinen Namen der Region von »Perche« mit ihren bewaldeten Hügeln, den befestigten Bauernhöfen und feuchten Weiden. Ein strenges Stutenbuch wird für diese Rasse von der »Société Hippique Percheronne« geführt.

HERRENHÄUSER UND »MASURE« ODER DIE HERKÖMMLICHE WOHNUNG IN DER NORMANDIE

Der Erzbischof von Rouen, Kardinal Georges d'Amboise, dessen Grab sich in der Kathedrale befindet, war

Südlich von Lisieux, im Tal der Touques, steht das Schloß Saint-Germain-de-Livet, umgeben von Wassergräben. Es ist eines der charakteristischsten des »Pays d'Auge«. Das Bauwerk aus dem Ende des 16. Jahrhunderts schillert mit seinen schachbrettartig angeordneten weißen Steinen und Backsteinen sowie den grünen, rosa- und ockerfarbenen glasierten Dachziegeln.
In dem Fachwerkflügel, der ein Jahrhundert früher erbaut wurde, befinden sich im Saal der Wärter Freskenteile aus dem 16. Jahrhundert. Auf der ersten Etage ist ein Fliesenboden zu sehen, der typisch ist für diese Gegend. Er erinnert außerdem an den Maler Eugène Delacroix (1798–1863).

◀ *Die Abtei Hambye.*

Ein malerisches Haus in der Nähe von Lisieux.

der erste, der sein Schloß, das »Château de Gaillon«, nach italienischem Geschmack ausschmücken ließ. Ihm ist es zu verdanken, daß die Renaissance schon zu Beginn des 16. Jahrhunderts in die Normandie gelangte. Sie verschönerte die unvollendeten Kirchen. Die Apsis der Kirche Saint-Pierre in Caen mit den kunstvoll ausgearbeiteten Fialen und den behauenen Balustraden zeugt von dieser neuen Geschmacksrichtung. Durch sie wurden auch die im Bau befindlichen öffentlichen Gebäude beeinflußt, wie zum Beispiel in Rouen der Palast, in dem das »Echiquier de Normandie – der Gerichtshof der Normandie« und später das von König Franz I. eingesetzte Parlament tagten. Vor der großen Katastrophe des Jahres 1944 war es der Justizpalast.

Aber in einer sich ständig wandelnden Welt entsprach diese überfeinerte italienische Kunst den Herrschern und den Reichen mehr als den Kirchen- und Staatsmännern. Von nun an setzte sich die private Architektur durch. Die befestigten Schlösser baute man in schöne Herrenhäuser um. Parks und Gärten ersetzten die Wassergräben und die Befestigungsanlagen und große verzierte Fenster die schmalen Schießscharten.

So setzte sich in den Schlössern, »Château d'O« und »Château de Fontaine-Henry« eine neue Lebenskunst durch. Diese wurde auch in den Städten sichtbar, wo herrschaftliche Häuser, wie das »Hôtel de Bourgtheroulde« in Rouen und das »Hôtel d'Escoville« in Caen noch an diesen Stil erinnern, auch wenn er manchmal einen leichten Schimmer der Spätgotik aufweist. So errichteten die Adligen jahrhundertelang in der ganzen Normandie Herrensitze: im 16. Jahrhundert in Carrouges für den Jägermeister von Tillières (in der Nähe von Evreux). Das Schloß von Balleroy wurde im 17. Jahrhundert für die Nachkommen von Jean de Choisy erbaut, das von Bénouville ist das Werk von Nicolas Ledoux aus dem 18. Jahrhundert.

Dieses Zeitalter der Aufklärung ließ auch die religiöse Kunst neu erblühen: die Mönche wollten ihren Lebensbereich verändern. Einer von ihnen, Guillaume de la Tremblaye, Architekt und Bildhauer, ließ neue Klostergebäude für die Abbaye aux Hommes in Caen bauen. Er versah sie, ebenso wie die Abtei Bec-Hellouin, mit wunderschönen Holztäfelungen.

Miniaturbild aus der Bibel, Handschrift des Mont Saint-Michel

Die Wahl der Kulturen in Verbindung mit den natürlichen Ressourcen blieb nicht ohne Einfluß auf einen eigenständigen ländlichen Siedlungsstil. Es entstanden die »masure«, große Bauernhöfe – das Wort bezeichnet jedoch das genaue Gegenteil, das heißt baufällige Häuser! – des Pays de Caux und die »clos« – eingezäunte Grundstücke – im Pays d'Auge.

Ein großer Obstgarten mit Apfelbäumen war von Erdaufschüttungen umgeben, auf denen kleine Ulmen wuchsen. Stendhal hat sie mit Deichen verglichen. Die Wohnhäuser mit den Stallungen, den Scheunen und der Milchverwertung waren auf dem Gelände verteilt. Der große Tümpel, die Tränke für die Herde, ist heutzutage häufig einem hohen Wasserturm gewichen.

Ein riesiges Portal ermöglichte den Zugang zu diesem eingezäunten, grünen Gelände, dieser abgeschiedenen Oase auf dem Lande. Die Strohdächer und die Mauern mit den Fachwerk, das heißt, ein Rahmenwerk, bei dem die Zwischenräume zwischen dem Balkengefüge mit Lehm und Ziegeln ausgefüllt wurden, gehören zum traditionellen Bild der Normandie.

Gewisse Leute glaubten in dieser Anordnung des ländlichen Raumes ein skandinavisches Erbe zu erkennen. Der unabhängige und autoritäre Eigentümer lebte im Zentrum seines großen befestigten Besitzes. Rundherum wohnten seine Diener, seine Bauern und seine Lehnsleute. So erkennt man, auch Jahrhunderte später, in der normannischen Landschaft Spuren einer längst vergangenen ländlichen Zivilisation.

DAS LAND UND DAS MEER

Der fruchtbare und üppige Boden hat dieser Provinz lange ihre Gelassenheit verliehen. Es gab kaum blutige Auseinandersetzungen. Von Not und Elend blieb sie fast verschont. Die ruhigen und frommen Bauern haben die Ländereien und die Landschaften den Jahreszeiten entsprechend geprägt.

Stammt dieser »Feldarbeiter«, der zum Maler wurde, Jean-François Mil-

let (1814–1875), nicht aus dem Cotentin, er, der die alltäglichen und einfachen Gesten der Landleute verewigt hat? Und in Giverny, einem Dorf im Pays de Vexin, hat Claude Monet (1840–1926) am Ende seines Lebens immer wieder diesen gleichen bewegten Augenblick festgehalten: auf den Bildern ersetzen weiße Seerosen in der Hitze des Tages die allzu prunkvolle Kathedrale von Rouen. Dieser bedächtige und sinnliche »Rückzug« ist ein Sinnbild für die Normandie. Er hatte es schon den Künstlern des Mittelalters und ihren adligen Gönnern ermöglicht, Gott Kirchen, Abteien und Kathedralen darzubieten: die Kunst entsteht dadurch, daß sie in Zeit und Raum verwurzelt ist.

Im Gegensatz hierzu drang das Abenteuer über das Meer ein. Für ein ganzes Volk oder für einige Menschen, hin zum Ende der Welt oder zu den Ufern der Themse. Über das Meer kamen die Normannen; über das Meer fuhr Wilhelm zur Eroberung Englands; vom Meer her kamen plötzlich die alliierten Truppen. Denn diese Provinz öffnet sich zur Küste, so im Westen und im Norden durch ihre dem Meer zugewandte Seite und durch ihre Traditionen.

Diese beiden Welten, die der Seeleute, Soldaten und Forscher, und die der Bauern, Bürger und Künstler haben sich lange Zeit nicht gekannt. Dennoch hat die Normandie im Kampf und im Dialog zwischen dem Meer und dem Land die Möglichkeiten ihrer Geschichte gefunden, indem sie zwischen zwei Versuchungen schwankte, die Sammlung oder die Streuung, die Unbeweglichkeit oder die Reise, die Besonnenheit oder das Abenteuer.

Lucien Bély

◀ *Der Garten des Malers Monet.*

Auf den solgenden Seiten : Château-Gaillard. ▶

L'AIGLE (Département Orne)

32 km nordöstlich von Mortagne-au-Perche

Als Sitz einer traditionellen Metallindustrie im Risle-Tal, ist L'Aigle das wichtigste Zentrum des Pays d'Ouche.

Die Kirche Saint-Martin, ein Kompositbau mit drei Kirchenschiffen, wurde von der Zeit der Romanik bis zur Renaissance erbaut. Sie zeigt einen starken Kontrast zwischen dem Tour de l'Horloge (Uhrenturm) aus eisenhaltigem Baustein aus dem 12. Jahrhundert und dem am Ende des 15. Jahrhunderts im herrlichen Flamboyant-Stil errichteten Tour Saint-Martin. Dieser wurde auf Anweisung von Arthur Fillion, Pfarrer an der Kirche Sainte-Madeleine in Verneuil-sur-Avre erbaut. Mehrere Statuen und Fenster im Innenraum haben zeitgenössische Künstler geschaffen.

In den Wirtschaftsgebäuden des Schlosses, das 1690 an Stelle der von Mansart errichteten Festung erbaut und nach den letzten Bombardements restauriert wurde, befindet sich das Museum »Juin 44«, in dem die wichtigsten Ereignisse der Schlacht um die Normandie mittels Wachsfiguren vergegenwärtigt werden.

Einige Kilometer von L'Aigle entfernt steht das »Château des Nouettes«, Aufenthaltsort der Gräfin de Ségur. Hier fand sie den Rahmen für viele ihrer »einfältigen Geschichten«, die sie für ihre Enkel schrieb, denen die Launen und überspannten Ideen der Sophie oder die Wutausbrüche der Mutter MacMiche mehr wert waren als eine Moralpredigt. Ein medizinisch-pädagogisches Institut hat dieses aufgegriffen.

Zwischen der Quelle der Risle und der Quelle der Charentonne, stand die Abtei Saint-Evroult-Notre-Dame-du-Bois, eine der blühendsten in der Region. König Childebert und seine Gemahlin, die den heiligen Evroult im Jahre 593 in seiner Einsiedelei besuchten, ließen dort ein Frauenkloster und eine Basilika errichten. Die Normannen verwüsteten die Abtei. Sie wurde jedoch im 11. Jahrhundert wiederaufgebaut. Es folgte eine Zeit des Wohlstands. Die alte Abtei wurde durch ein gotisches Bauwerk ersetzt und mit einem Schutzwall umgeben. Der Verfall begann am Ende des 15. Jahrhunderts. Die noch vorhandenen Ruinen bedurften ausgedehnter Restaurierungsarbeiten.

Vor dem überwölbten Portalvorbau aus dem 13. Jahrhundert erinnert ein Denkmal an den Historiker und Chronisten Ordéric Vital, der in seiner in Latein verfaßten »Kirchengeschichte« ein Bahnbrecher hinsichtlich der historischen Genauigkeit war. Andererseits war er auch ein glühender Anhänger eines enthaltsamen und zurückgezogenen Klosterlebens. In einem Wald in der Nähe von Mortain gründete er selbst die Abtei von Savigny. In einem Museum sind Gegenstände aus der alten Abtei zu sehen. In dieser Gemeinde spielt sich die Handlung des Romans von Jean Mallard, Vicomte de La Varende (1887–1959) »Nez de Cuir« ab.

An den äußersten Enden des Pays d'Ouche und des Pays du Perche, inmitten von Wäldern und Wiesen mit Teichen, steht in der Nähe von Soligny die »Abbaye de la Grande-Trappe«, eine Trappistenabtei. Seit ihrer Gründung im Jahre 1140 durch die Mönche von Breuil-Benoît hat sie die klösterlichen Traditionen beibehalten. Nach dem Tod seiner Geliebten, der Herzogin von Montbazon (deren Enthauptung er vor der Grablegung mit Erschütterung zugesehen hatte) entsagte er dem gesellschaftlichen Leben. Danach führte der Geistliche Armand de Rancé mit dem Beinamen »l'Abbé Tempête – Abbé Sturm« am Ende des 17. Jahrhunderts strenge und harte Regeln in der Abtei ein. Sie unterlag

Surfer in Villiers-sur-Mer.

von nun an der »strengen Observanz«. Ihr Einfluß dehnte sich über ganz Frankreich aus. Um die ihm von seinem Beichtvater auferlegte Buße zu erfüllen, schrieb Chateaubriand im Jahre 1844 »La Vie de Rancé – Das Leben von Rancé«; es war sein letztes Werk.

ALENÇON (Département Orne)

49 km nördlich von Le Mans

Durch seine geographische Lage am Zusammenfluß der Sarthe und der Briante liegt Alençon am Treffpunkt der Ile-de-France, der Normandie, der Bretagne und der Pays de Loire. Der aus der galloromanischen Zeit stammende Marktflecken wurde am Ende des 10. Jahrhunderts in das Herzogtum der Normandie eingegliedert. Das Schloß erhielten die Herrscher von Bellême.

Das Herzogtum von Alençon wurde von Philipp Augustus der französischen Krone unterstellt. Es wurde mehrere Male den jüngsten Söhnen der königlichen Familie in Apanage gegeben. Als »duché-pairie«, das heißt als Herzogtum, dessen Herzog zugleich Pair war, erlangte es zu Zeiten der Herzoginnen großen Wohlstand. Margarete von Navarra, Schwester von König Franz I., hielt hier einen glänzenden Hof, durch den besonders der Dichter Clément Marot berühmt wurde. Am Ende des 17. Jahrhunderts trug die Herzogin de Guise, Elisabeth von Orléans, zu einer neuen blühenden Epoche bei.

Um das Jahr 1650 erfand Madame La Perrière eine originelle Spitze, inspiriert durch die Spitze von Venedig, die sich einer außergewöhnlichen Beliebtheit erfreute. Diese »Spitze aus Alençon« wurde von der Königlichen Manufaktur, die Colbert im Jahre 1665 gründete, und später von ortsansässigen Werkstätten übernommen. Diese erlesenen Handarbeiten brachten den guten Ruf von Alençon über die Grenzen hinaus. Die heutige Schule zur Spitzenherstellung steht in dieser Tradition und stellt perfekt wie früher und sorgfältig die Briden her, die seinerzeit so geschätzt wurden.

Im Jahre 1873 wurde Thérèse Martin (Ordensname Theresia vom Kinde Jesu) in Alençon geboren; hier verbrachte sie auch ihre Kindheit.

Die Stadt wurde durch die Bombardements, die während der Befreiung stattfanden, am 12. August 1944 stark zerstört. Heute ist Alençon Hauptstadt des Départements Orne. Es ist eine lebendige Geschäftsstadt; sie ist Sitz der Fabrik Moulinex.

Die Umgebung der Stadt ist reich durch die Landwirtschaft und die Zucht von Rennpferden.

Die Kirche Notre-Dame im Flamboyant-Stil des 14. und 15. Jahrhunderts zeichnet sich durch ihren reich verzierten Portalvorbau aus, der zu Beginn des 16. Jahrhunderts angebaut wurde. Bei den Skulpturen, die an die Verklärung erinnern, ist eine Figur des Heiligen Johannes, der merkwürdigerweise den Rücken der Straße zuwendet. Die Legende erzählt, der Apostel habe sich während der Religionskriege voller Entsetzen umgedreht.

Von dem Schloß, das der erste Herzog von Alençon, Jean I., zwischen 1385 und 1415 erbaut hat, ist noch ein Portal, flankiert von zwei massiven Türmen, erhalten geblieben. Heute rahmen sie den Eingang zum Gefängnis ein. Außerdem besteht noch der Tour Couronnée innerhalb der Stadtmauern.

Das neue »Musée des Beaux-Arts et de la Dentelle – Kunst- und Spitzenmuseum« wurde 1981 eröffnet. Hier sind die Kunstgegenstände vereinigt, die bis dahin im Rathaus und in der »Maison d'Ozé«, einem alten Wohn-

haus aus dem Mittelalter, untergebracht waren.

Im Südosten der Stadt erstreckt sich das hügelige Massiv des Waldes von Perseigne.

DIE »ALPES MANCELLES«

An den Grenzen der Départements Orne und Mayenne erreicht der Mont des Avaloirs, der höchste Punkt im Nordwesten Frankreichs mit dem »Signal d'Ecouves« 417 Meter. Das Massiv besteht aus einem Bergkamm von 120 Kilometern Länge. Er trennt den »Bocage normand« von dem »Bocage manceau«.

Das tief eingeschnittene Tal der Sarthe durchquert eine unberührte Landschaft von Heide und Wäldern; es führt zu dem Bauerndorf Saint-Céneri-le-Gérei, wo eine romanische Kirche zu sehen ist.

Südlich von Saint-Léonard-des-Bois, einem Ort, der wie Saint-Céneri an einer Flußwindung erbaut wurde, führt ein malerischer Weg in das Tal der Misère, ein kleiner Nebenfluß der Sarthe.

Die »Alpes Mancelles« grenzen im Westen an die »Corniche du Paille«, die diese Gegend beherrscht.

DAS TAL DER ANDELLE

Die Andelle entspringt in der Nähe des Mineralwasserbades Forges-les-Eaux. Stromaufwärts bewässert sie ländliche Regionen, die einen Gegensatz zu dem sehr stark industrialisierten unteren Tal bilden. Seine Nebenflüsse Héron und Crevon schlängeln sich durch ein liebliches Tal am Wald von Lyons entlang.

Am Ufer des Flusses wurde am Ende des 12. Jahrhunderts von Robert, Graf von Leicester, die Abtei von Fontaine-Guérard erbaut; sie lag ganz im Grünen in der Nähe einer üppigen Quelle, deren Namen sie annahm. Die Gründer hatten sich zum Ziel gesetzt, dieses Wasser zu zähmen und sich die Natur untertan zu machen.

Ab 1219 schlossen sich die Ordensleute dem Orden von Cîteaux an. Die Einheit der spitzbogigen gotischen Kunst verbindet sich übrigens mit der Strenge des Zisterzienserplans, der die Gebäude rund um den Kreuzgang anordnete. Charakteristisch für die Anordnung ist, daß die Abteikirche in einer niedrigen Apsis mit Fenstern endet und daß man noch die Gewölbe der Apsis sieht. Der Kreuzgang ist nicht mehr vorhanden, dagegen aber der Kapitelsaal, wenig geschmückt, mit anmutigen Proportionen. Seine drei Schiffe werden durch schlanke Säulen getrennt. Das Arbeitszimmer oder die Wärmestube ist ein überwölbter Raum, den man mit dem Salle des Chevaliers der Abtei des Mont Saint-Michel vergleichen kann. Auf der ersten Etage befindet sich ein Schlafsaal mit einem Holzgewölbe. Durch schmale Fenster wird er spärlich beleuchtet.

LES ANDELYS (Département Eure)

36 km nordöstlich von Evreux

Vor den Toren der Normandie verbinden sich in Les Andelys die natürliche Schönheit des Ortes an der Seine, am Fuß hoher Kreidefelsen, die durch bewaldete Hügel verlängert werden, mit den Spuren der Vergangenheit, reich an Kunst und Geschichte.

Am 6. März 1204 fiel die letzte der von den Herzögen der Normandie erbauten Bastionen unter dem Ansturm des Königs von Frankreich.

Richard Löwenherz, König von England, hatte in größter Eile im Jahre 1196 eine mächtige Festung erbaut – »Wie schön ist sie, meine einjährige Tochter«, soll er erklärt haben – um Philipp Augustus den Zugang nach Rouen zu versperren. Diese Stadt unterstand seit fast drei Jahrhunderten der englischen Herrschaft. Sie überragt eine Biegung der Seine und vereinigte alle Vorzüge der militärischen Architektur des 12. Jahrhunderts, angeregt durch die orientalischen Verteidigungssysteme, die die Kreuzritter im Heiligen Land gesehen hatten.

Nach dem Tod von Herzog und König Richard folgte ihm sein Bruder »Johann ohne Land«. Da beschloß König Philipp Augustus »die Zitadelle des Löwen« zu erobern. Am Ende des Jahres 1203 isolierte er das Schloß durch einen tiefen Graben, der durch Holztürme verstärkt wurde; dadurch versuchte er, eine Hungersnot auszulösen. Aber auch nach sechs Monaten der Belagerung verfügten die Bewohner noch immer über Lebensmittel; so setzte er zum Angriff an. Trotz des heroischen Widerstands des Konnetabel de Lascy fiel das Schloß, dank der List eines Soldaten, der sich durch die Latrinen Zugang veschafft und die Zugbrücken betätigt hatte. Drei Monate später war Rouen in Händen des Königs von Frankreich.

Im Jahre 1314 ließ König Ludwig X., der Zänker, seine Frau Marguerite de Bourgogne und seine Schwägerinnen Jeanne und Blanche im Château-Gaillard einsperren; alle drei wurden des Ehebruchs bezichtigt. Marguerite wurde zwei Jahre später in ihrer Zelle erdrosselt, als Strafe für die im Hôtel de Nesle begangenen Verbrechen.

Im Laufe des Hundertjährigen Krieges und der Religionskriege gab es viele Auf und Ab in dieser Festung. Heinrich IV. riß sie im Jahre 1603 nieder; die Steine gab er Kardinal de Bourbon für das Schloß von Gaillon. Den Bergfried hatte Franz I. zerstört.

Für den Plan der Burg war die Beschaffenheit des Geländes geschickt genutzt worden. Die kleine Burg, ein dreieckiges vorgeschobenes Gebäude, geschützt durch fünf Türme, von denen nur der höchste erhalten geblieben ist, beschützte im Norden den schmalen Landstreifen, der die Zitadelle mit den benachbarten Hügeln verband und von dem Hauptteil der Burg durch eine Esplanade oder einen niedrigen Hof getrennt war.

Zwei aufeinanderfolgende konzentrische Ringmauern, die durch zwei Brücken verbunden waren, wurden von einem zylinderförmigen Bergfried, gestützt durch Strebepfeiler, beherrscht. Sein Sockel ermöglichte es, daß Geschosse, die von den Pechnasen abgeworfen wurden, abprallten. Der Turm besaß früher drei Etagen und fünf Meter dicke Mauern. Man kann noch die Wohnung des Gouverneurs und die Kasematten erkennen, die in den Felsen gehauen worden waren und in denen die Lebensmittel der Garnison aufbewahrt wurden. Von hier aus hat man einen wunderschönen Blick auf »Le Petit Andely«.

Das Dorf Le Petit Andely am rechten Ufer einer großen Seine-Schleife wurde von Richard Löwenherz befestigt, um den Zugang zum Herzogtum zu bewachen, bevor er das Château-Gaillard erbaute.

Weiter stromabwärts entstand rund um ein von Königin Klothilde, Chlodwigs Witwe, im Jahre 511 gegründetes Kloster der Ort Le Grand Andely, Heimat des Malers Nicolas Poussin (1594–1665). Das Kloster stand an der Stelle, an der sich heute die Stiftskirche befindet. Um die Erbauer anzuregen, soll sie, so erzählt man, das Wasser des heute noch existierenden Brunnens in Wein verwandelt haben.

Die Stiftskirche Notre-Dame wurde im 13. Jahrhundert begonnen, mehrere Male umgebaut und vergrößert. Die

Der Kapitelsaal der Abtei Fontaine-Guérard ▶

Avranches.

Süd- und die Nordseite stehen von ihrem Stil her in starkem Kontrast zueinander; die eine stammt aus der Spätgotik, die andere aus der Rennaissance. In dem Kirchenschiff aus dem 13. Jahrhundert stellen eine Reihe Renaissance-Fenster biblische Szenen dar. Das kunstvoll ausgearbeitete Orgelgehäuse stammt aus der gleichen Zeit. Reliefs und Skulpturen aus Stein und Holz vervollständigen die Verzierung, ebenso die Gemälde von Quentin Varin (1570–1634), genannt »Maître de Poussin«.

ARGENTAN
(Département Orne)

45 km nordwestlich von Alençon

In einer waldreichen Gegend, in der Viehzucht betrieben wird, entstand die Stadt Argentan. Die hier angefertigten Spitzen konkurrierten mit den von Alençon. (Der »Point d'Argentan – Spitze von Argentan«, wird von den Nonnen der Abtei Notre-Dame noch immer angefertigt.) Die Stadt, die mehrfach im Laufe der Geschichte geplündert wurde, hat während der Befreiung starke Schäden erlitten. Dennoch sind einige Spuren ihrer langen Vergangenheit erhalten geblieben.

Die im 15. Jahrhundert begonnene Kirche Saint-Germain wurde erst im Jahre 1641 vollendet. Der spätgotische Stil (wie der Portalvorbau zur Rue Saint-Martin hin) vermischt sich mit dem Stil der Renaissance und manchmal sind die beiden Epochen miteinander verbunden (Glockenturm, Triforium). Den Chor beendet eine ungewöhnliche Apsis, bestehend aus vier Seiten mit einem doppelten Chorumgang, mit hängenden Schlußsteinen.

Wie die Kirche Saint-Germain wird auch die Kirche Saint-Martin restauriert. Den Chorraum erhellen Renaissance-Fenster.

Die letzten Offensiven während der Normandie-Schlacht (1944) fanden im Pays d'Argentan statt, vor allem in Ecouché, an der Orne und in Chambois im Dives-Tal, wo auch die Vereinigung der alliierten Truppen stattfand.

Der Maler Fernand Léger (1881–1955) und der Dichter Vincent Muselli (1879–1956) stammen aus Argentan.

AVRANCHES
(Département Manche)

25 km südöstlich von Granville

Avranches liegt in der Nähe der Bucht des Mont Saint-Michel. Diese Stadt war Bischofssitz von 511 bis zur Revolution. Sie ist mit der Entstehung des Mont Saint-Michel eng verbunden. Hier erschien der Erzengel im Jahre 708 Bischof Aubert und befahl ihm den Bau einer heiligen Stätte (vgl. Der Mont Saint-Michel).

In der Kirche Saint-Gervais-Saint-Protais befinden sich alte Goldschmiedearbeiten und ein Reliquienschrein mit dem Schädel des skeptischen Bischofs, gezeichnet von dem Finger des heiligen Michael.

Hier mußte Heinrich II. Plantagenet, nachdem er den Erzbischof von Canterbury, Thomas Becket, im Jahre 1170 hatte ermorden lassen, öffentlich vor der inzwischen eingestürzten Kathedrale Abbitte leisten. Man kann noch die Steinplatte sehen, auf der er demütig niederkniete.

Als im Jahre 1639 der Aufruhr gegen die Regierung, hervorgerufen durch übertrieben hohe Steuern, in einen Aufstand der sogenannten »Nu-Pieds – Barfüßigen« umschlug, ermordeten die Aufständischen in Avranches einen Bediensteten des Königs und richteten dort ihr Hauptquartier ein.

Die letzte unruhige Zeit war die der Befreiung, als die amerikanischen Streitkräfte durch ihren Durchbruch in Avranches zu dem entscheidenden aber auch blutigen Sieg ansetzten. Ein Denkmal für General Patton wurde auf einem Platz, der als amerikanisches Territorium anerkannt wurde, errichtet.

Der Lexikograph Emile Littré (1801–1881) wurde in Avranches geboren. In »Notre Coeur – Unser Herz« liefert Maupassant eine berühmte Beschreibung.

Von der Terrasse des sorgfältig angelegten »Jardin des Plantes (Botanischen Garten)«, ehemalige Ländereien eines Kapuzinerklosters, hat man einen herrlichen Blick über die Bucht und auf den Mont Saint-Michel. Man kann beides auch von der Plattform aus bewundern oder beim Abflug vom Flughafen.

Avranches.

In der »Bibliothèque – Musée de l'Avranchin« sind 203 sehr seltene Handschriften aus dem 8. bis 15. Jahrhundert zu sehen, die aus der Abtei des Mont Saint-Michel stammen. Der Ruf der Bibliothek des Mont Saint-Michel war groß. Obwohl die erhaltenen Werke nur einen Bruchteil darstellen, sind sie durch die Qualität ihrer Texte und ihrer Buchmalereien eine unersetzbare Erinnerung an das Gedankengut und an die Kultur jener Epochen. Man entdeckt insbesondere Fragmente aus Ciceros Rede, eine Originalübersetzung von Aristoteles, »Sic et Non« von Abélard, das Kopialbuch der Abtei und die »Chronique« von Robert de Torigni, die erste Geschichtsbeschreibung über den Mont Saint-Michel.

Südlich von Avranches wurden zu Beginn des Jahrhunderts an diesem schmalen Fluß Dämme angelegt, die künstliche Seen gebildet haben, so den Stausee von Sélune.

BAGNOLES-DE-L'ORNE (Département Orne)

48 km nordwestlich von Alençon

Am Ende des Vée-Tales, das entlang der Wälder verläuft, bildet Bagnoles-de-l'Orne zusammen mit Tessé-la-Madeleine ein wichtiges Thermalbad, insbesondere für die Behandlung des venösen Kreislaufs und der endokrinen Drüsen.

Um sein treues, altes und krankes Streitroß nicht sterben sehen zu müssen, setzte Hugues, Seigneur de Tessé, es im Wald von Audaine aus. Er war überrascht, als das Tier einen Monat später feurig zurückkam. Er stellte fest, daß sein Pferd regelmäßig zu einen Brunnen mit lauwarmem Wasser ging. Als auch er dort untertauchte, fand er seine Kraft und seine Jugend wieder.

Der Legende zufolge wurden so die wohltuenden Wirkungen dieses 27 Grad warmen Wassers (die einzige warme Quelle im Westen) entdeckt; das Wasser ist kaum mineralhaltig und stark radioaktiv. Das Thermalbad, umgeben von einem hügeligen Park, wurde schon im 17. Jahrhundert berühmt. Bekannte Kurgäste kamen hierher. Jährlich bringen diese Quellen achtzehntausend Besuchern Linderung. Edouard Herriot meinte: »Das ist ein weltliches Lourdes.«

Zur Entspannung bieten sich Aus-

Bagnoles-de-l'Orne.

flüge in die umliegenden Wälder an, in den Forêt d'Andaine und in den Wald von La Ferté-Macé. Das Kap des »Roc au Chien« überragt die Schlucht von Bagnoles. Es wird erzählt, hier habe früher ein Monstrum mit einem Hundekopf die heiratsfähigen Mädchen verschlungen.

Der Leuchtturm von Bonvouloir, in Form eines Phallus, soll von einem dankbaren Herrn erbaut worden sein, dem die Quelle die Jugend wiedergegeben hatte und dem es dadurch gelang, seine Nachkommenschaft zu sichern.

Südlich von Bagnoles wurde das Schloß von Couterne im 16. Jahrhundert von Jean de Frotté, dem Kanzler von Margarete von Navarra, erbaut. Dieses nüchterne Gebäude wurde im 18. Jahrhundert umgestaltet und vergrößert. Während der Revolution zerstörte ein Feuer das wertvolle Archiv dieser protestantischen Familie. Es wird erzählt, der Geist des Chouan-Generals Louis de Frotté würde diesen Ort immer noch heimsuchen. Auf den ehemaligen Befestigungsanlagen wurden terrassenförmige Gärten angelegt.

Das festungsartige Schloß von Lassay wurde unter Karl VII. erbaut. Im Sommer findet dort das Schauspiel »Son et Lumière« statt. Der Chemiker Lavoisier hatte sich im 18. Jahrhundert hier aufgehalten und einen Ofen für seine Experimente erbauen lassen.

BALLEROY
(Département Calvados)

16 km südwestlich von Bayeux

An der Grenze der Regionen Bessin und Bocage war das Schloß von Balleroy (1626–1636) eines der ersten Bauwerke von François Mansart. Er errichtete es für Jean de Choisy, den künftigen Kanzler von Gaston d'Orléans. Sein Neffe, der Geistliche de Choisy, ein Sonderling, der sich wie eine Frau kleidete, mußte es verkaufen, um seine Schulden bezahlen zu können.

Es wurde auf der Mitte der einzigen Straße des Dorfes erbaut. Dieser nüchterne, erhabene Bau im Stil Ludwig XIII., dessen äußere Schlichtheit den Reichtum der Innenausstattung nicht vermuten läßt, besitzt einen Salon mit Portraits von Nicolas Mignard (1606–1668) und eine bedeutende Bibliothek.

In der Mitte der Balustrade der Terrasse, die die Ehrenpavillons einschließt, befindet sich eine äußerst fantasievolle Doppeltreppe, im Halbkreis

angelegt. Die Wirtschaftsgebäude stehen diesseits und jenseits der von Le Nôtre symmetrisch angelegten Blumenbeete. In einem Teil des Gebäudes wurde ein Museum eingerichtet, das über die Ballonluftfahrt informiert.

Die Pfarrkirche, die ehemalige Schloßkapelle, soll auch von Mansart erbaut worden sein.

BARNEVILLE – CARTERET (Département Manche)

60 km nördlich von Coutances

Dieser Badeort, der meistbesuchte des Cotentin, erstreckt sich über drei Ortschaften.

Am Hafen von Carteret, der durch die Flußmündung des Gerfleur entstand und durch das Kap von Carteret vor den Nordwestwinden geschützt ist, entstand der Marktflecken Carteret, ein geschützter Fischerei- und Segelhafen und gleichzeitig Ausgangspunkt für Ausflüge auf die anglo-normannischen Inseln. Ein schmaler Zoll-Fußweg führt rund um die malerischen Felsen des Kaps bis hin zu den Ruinen der alten Kirche. Vom Leuchtturm aus hat man einen sehr weiten Blick. So kann man vom Roche Biard aus die ganze Küste überblicken bis nach Flamanville im Norden, Granville im Süden und zur Insel Jersey mitten im Meer.

Die Gemeinde Barneville-Carteret, etwas landeinwärts gelegen, besitzt eine romanische Kirche mit einem Festungsturm aus dem 15. Jahrhundert. Die Ausschmückung der Arkaden und der Kapitelle des Kirchenschiffs ist außergewöhnlich sorgfältig. Sie besteht aus Tier- und Pflanzenmotiven entsprechend der östlichen Ikonographie.

Südlich des Hafens, der bei Ebbe trocken ist, liegt Barneville-Plage. Der riesige Sandstrand, der auf den kleinen ländlichen Hafen von Portbail an der Mündung der Olonde stößt, ist ein Paradies für Liebhaber des Wassersports. Der Turm der Kirche von Portbail wurde auch als Festungsanlage gebaut.

Die sehr gut erhaltene Burg von Bricquebec gehörte dem Neffen des ersten Herzogs der Normandie. Sie wurde endgültig im 13. und 14. Jahrhundert fertiggestellt. In der Mitte der Befestigungsmauer steht ein polygonaler Bergfried aus dem 14. Jahrhundert auf einem künstlichen Hügel.

◀ *Das Schloß von Balleroy*

Der Armelkanal bei Carteret ▶

In einer überwölbten Krypta im Südbau sind Kunstgegenstände aus Bronze des Bildhauers Le Véel (19. Jahrhundert) ausgestellt. Ein Regionalmuseum wurde im Tour de l'Horloge eingerichtet; hier erfährt man zum Beispiel, wie der Apfel in die Normandie kam.

Im Zentrum des Cotentin liegt Saint-Sauveur-le-Vicomte, »dieser schöne Marktflecken, der einem schottischen Dorf gleicht« (J. Barbey d'Aurevilly). Es war die Heimat dieses Schriftstellers. Die Stadt wurde durch die Bombardements im Jahre 1944 verwüstet. Einige Teile des alten Feudalschlosses, das während des Hundertjährigen Krieges eine wichtige Rolle spielte, blieben jedoch erhalten.

Die Benediktinerinnenabtei wurde im 19. Jahrhundert durch die heilige Marie-Madeleine Postel, die Gründerin der Schwestern der Barmherzigkeit, restauriert. Erinnerungsstücke an den Schriftsteller sind im Musée Barbey d'Aurevilly zu sehen.

BAYEUX
(Département Calvados)

27 km nordwestlich von Caen

Bayeux ist die Hauptstadt des Bessin, einer Region mit fruchtbarem Weideland, deren wirtschaftliche Grundlage der Agrarhandel bildet. Bayeux liegt in der Nähe der Invasions-Strände, blieb aber dennoch von den Kämpfen des Jahres 1944 verschont. Sie wurde als die erste wichtige Stadt befreit (in einem Erinnerungsmuseum werden diese Ereignisse, mit Wachs, ins Gedächtnis zurückgerufen).

In der Römerzeit befand sich hier eine Siedlung der gallischen Bajokasser. Seit dem 4. Jahrhundert ist Bayeux Bischofssitz. Die Stadt wurde schon sehr früh durch die Normannen kolonisiert (im 12. Jahrhundert besingt der Dichter Robert Wace in seinem »Roman de Rou oder Geste des Normands« die Vorherrschaft der Normannen über die Franzosen). Ihr Anführer Rollo heiratete dort im Jahre 905 die Tochter des Gouverneurs, Pope, die den späteren Herzog Wilhelm Langschwert gebar, den Vorfahren von Wilhelm dem Bastard, der England eroberte. Diese berühmte Episode hat das Meisterwerk inspiriert, auf das die Stadt zu Recht stolz ist, den berühmten Wandteppich der Königin Mathilde.

◀ *Das Hauptschiff der Kathedrale von Bayeux*

Der Archäologe Arcisse de Caumont, dessen Arbeiten sehr einflußreich waren, (19. Jahrhundert) stammte aus Bayeux.

Das beeindruckendste Bauwerk ist zweifellos die Kathedrale Notre-Dame. Nach einem Brand wurde die von Bischof Odon de Conteville erbaute große romanische Kirche im Jahre 1077 in Gegenwart des Herzogs und Königs Wilhelm des Eroberers geweiht. Ein neuerlicher Brand verwüstete sie im Jahre 1105. Nur die Krypta und die Fassadentürme sind erhalten geblieben. Diese wurden später ganz geschickt in das gotische Bauwerk einbezogen.

Das Gebäude ist ein schönes Beispiel für die normannische Gotik. Die beiden schlanken, spitzen Fronttürme sind mit dem kunstvoll gearbeiteten »Tour du Patriarche« aus dem 15. Jahrhundert verbunden; er wurde restauriert und im 19. Jahrhundert mit einer »Mütze« aus Kupfer versehen. Strebepfeiler stützen die gotische Etage ab, die das romanische Kirchenschiff überragt. Eine Arkadengalerie umschließt die Apsis. Auf dem Tympanon des stark verzierten Südportals des Querschiffs ist die Geschichte des heiligen Thomas Becket dargestellt.

Das Kirchenschiff verbindet auf harmonische Art und Weise die Gotik der hohen Fenster mit der Romanik der großen Säulen, die aus dem 12. Jahrhundert stammen. Sie sind äußerst ausgefeilt mit sehr verschiedenartigen Friesen und stilisierten geometrischen Motiven, die durch die orientalische Kunst beeinflußt wurden. Zwischen jeder Öffnung befinden sich auf den Eckzwickeln, auf einem mit Reliefen verzierten Hintergrund plastisch herausgearbeitete, sonderbare Tiere oder Menschen. Typisch für die Gotik ist der sehr helle Chorraum. Auch hier sind die Skulpturen der Kapitelle besonders zu beachten. Darunter befindet sich eine Krypta aus dem 11. Jahrhundert.

Der Kirchenschatz (13. Jahrhundert) befindet sich in einem unabhängigen Komplex mit zwei Etagen. Der mit Fresken verzierte Kapitelsaal wurde im 15. Jahrhundert mit glasierten Ziegeln ausgelegt.

Ein Eckzwickel an der Kathedrale in Bayeux

Ausschnitt aus dem Wandteppich von Bayeux ▶

Die Bibliothek im ehemaligen Bischofspalais, dem Hôtel Doyen, birgt die »Telle du Conquest«, die »Tapisserie de la Reine«, einen Wandteppich, der einmalig auf der Welt ist, sowohl durch seinen historischen als auch durch seinen ikonographischen Wert. Der siebzig Meter lange und fünfzig Zentimeter breite Teppich ist in einem besonderen Raum ausgestellt. Hier wird mit äußerster Präzision die Eroberung Englands durch die Normannen dargestellt. Eine Legende erzählt, Königin Mathilde habe dieses Werk selbst angefertigt. Wahrscheinlich ist jedoch, daß diese Stickerei aus farbiger Wolle auf Leinen – zu Unrecht

12.

EM
HIC: WI

Turm der Abtei Bec-Hellouin

Wandteppich genannt – auf Bestellung von Odo, Halbbruder von Wilhelm, Bischof von Bayeux und Herzog von Kent, von einer angelsächsischen Werkstatt ausgeführt wurde. Dieser Wandteppich wurde zum ersten Mal aus Anlaß der Einweihung der Kathedrale im Jahre 1077 im Kirchenschiff aufgehängt.

Diese Darstellung war für die Gläubigen mit einer moralischen und geistigen Unterweisung verbunden. Harold Godwinson hatte den Eid gebrochen, den er auf die heiligen Reliquien geleistet hatte, durch den er nach dem Tod Edwards des Bekenners Wilhelm als König von England anerkennen wollte (vgl. Einleitung). Es war gerecht, daß der Himmel ihn bestrafte. Achtundfünfzig Szenen, mit lateinischen Untertiteln, beschreiben auffallend wahrheitsgetreu, mit viel Einfallsreichtum, mal mit komischer mal mit tragischer Kühnheit, die Vorbereitungen und die manchmal spaßigen Ereignisse, die zur Überquerung des Ärmelkanals und der Schlacht von Hastings führten. Odo selbst wird an Wilhelms Seite dargestellt.

Der Teppich von Bayeux ist wirklich die Chronik einer Epoche; er verherrlicht den Ruhm und die Macht eines siegreichen Volkes und stellt ein außergewöhnliches Dokument über das 11. Jahrhundert dar.

Das »Musée Baron-Gérard« stellt eine Sammlung von Porzellan aus Bayeux aus, sowie Klöppelspitzen aus der Gegend.

In Molay-Littry werden im »Musée de la Mine« mit überraschenden Mitteln die verschiedenen Techniken zum Abbau eines Steinkohlenflözes dargestellt.

Die Kirche des Dorfes Tour-en-Bessin besitzt einen rechteckigen gotischen Chorraum mit überfeinerter Ausschmückung.

ABTEI BEC-HELLOUIN
(Département Eure)

21 km nordöstlich von Bernay

Die Abtei Notre-Dame-du-Bec wurde im Jahre 1034 in der Nähe des Baches im Wald von Brionne von dem Ritter Herluin oder Hellouin, eines Vertrauten von Gilbert de Brionne gegründet. Er hatte sich dazu entschlossen, Gott sein Leben zu weihen. Einige Jahre später stieß ein gelehrter italienischer Mönch, Lanfranc (vgl.

Caen), der in Avranches unterrichtete, zu der kleinen Gemeinschaft, durch deren Einfachheit er sich angezogen fühlte. Dieses begünstigte die Entfaltung und die Ausstrahlung der Abbaye du Bec. So wurde die Abtei ein berühmtes Zentrum religiösen Gedankenguts.

Nach der Eroberung Englands durch Wilhelm wurde Lanfranc zum Erzbischof von Canterbury ernannt, also zum Oberhaupt der englischen Kirche. Mönche aus der Abtei du Bec begleiteten ihn und wurden an die Spitze kirchlicher Institutionen gesetzt. Nach Herluins Tod folgte der Philosoph und Theologe Anselm als Abt. Seine Amtszeit versinnbildlicht den Höhepunkt der benediktinischen Normandie. Später gelangte auch er auf den Bischofsstuhl von Canterbury. Das Ansehen der Lehre von Bec-Hellouin, ihre Beständigkeit und ihre Macht wurden so im anglo-normannischen Reich verkörpert, in dem die Mönche sowohl in der Kirchenreform als auch in der Kunst eine große Rolle spielten.

Nach einer unruhigen Zeit, bedingt durch Kriege, gelangte die Abtei du Bec zu neuem Wohlstand unter den reformierten Brüdern von Saint-Maur. Der Laienmönch Guillaume de La Tremblaye, Architekt und Bildhauer, übte einen sehr großen Einfluß aus. Während der Revolution wurde die Abtei zweckentfremdet, zunächst als Gefängnis, dann als Kaserne und schließlich als Pferdeersatzlager der Kavalerie. Das Klosterleben begann erst wieder im Jahre 1948. Von hier aus werden enge ökumenische Beziehungen zur anglikanischen Kirche unterhalten.

Der Glockenturm Saint-Nicolas aus dem 15. Jahrhundert, dessen Spitze zerstört wurde, ist das einzige Überbleibsel der im 19. Jahrhundert zerstörten Abteikirche. Er wird gekrönt von einer Balustrade, die mit Fialen versehen ist. Von hier aus hat man einen Blick über die ganze Talmulde. Die klassischen Klostergebäude verlaufen im rechten Winkel vor dem »Cour de France« in einer harmonisch gestalteten Anordnung. Die neue Abteikirche wurde im ehemaligen Refektorium aus dem 18. Jahrhundert eingerichtet. Sie besitzt ein Rundbogengewölbe. Hier befindet sich auch der Sarkophag mit Herluins Leichnam. Durch eine Tür des aus dem 12. Jahrhundert stammenden Kapitelsaals, die im 18. Jahrhundert verziert wurde, erreicht man eine riesige Treppe, die zum Kreuzgang führt. Dieser wurde im 17. Jahrhundert von Guillaume de La Tremblaye wiederaufgebaut und ausgeschmückt. An einer Ecke befindet sich noch eine gotische Tür.

Eine Sammlung alter Autos kann man sich in einem Museum in der Nähe des Klosters ansehen.

In Brionne, einer alten Stadt an den Ufern der Risle, in der Nähe der Abtei du Bec, sind oberhalb des Flusses die Ruinen eines viereckigen Bergfrieds aus dem 11. Jahrhundert zu sehen.

BERNAY (Département Eure)

30 km östlich von Lisieux

An den Ufern der Charentonne entstand rund um das von der Gemahlin des Herzogs Richard II., Judith de Bretagne, gegründete Benediktinerkloster, eine Handels- und Agrarstadt. Sie wird für die erste romanische Abtei der Normandie gehalten.

Hier wurde der Trouvère (nordfranzösischer Minnesänger) Alexandre de Bernay, der Vater des »Alexandriners« geboren. Er verfaßte im 12. Jahrhundert ein langes Gedicht mit zwölf Versfüßen über Alexander den Großen.

Die alte Abteikirche gilt trotz der zahlreichen Umänderungen als ein Versuch, die Architektur dieser Gegend zu beeinflussen. Das Bauwerk wurde im Jahre 1013 von Guillaume de Volpiano (vgl. Fécamp) nach einem benediktinischen Plan begonnen und nach einer Unterbrechung im 12. Jahrhundert beendet.

Das Äußere ist verstümmelt worden: im 17. Jahrhundert verkürzten die Benediktiner von Saint-Maur das Kirchenschiff um zwei Joche; sie er-

Die Brücke von Brotonne über die Seine

richteten eine klassische Fassade. Später wurde der nördliche Kreuzflügel zerstört, um den Bau einer Straße zu ermöglichen. Die Apsis wurde durch eine Backsteinmauer abgeschlossen. Die Seitenschiffe überragen kleine Kuppeln. Über deren Ursprung sind sich die Historiker unklar. Das hohe Kirchenschiff, mit einer Deckentäfelung und nicht mit einem Gewölbe versehen, umfaßt eine Reihe hoher Fenster über einer Etage von Öffnungen, die es ermöglichen, das Dachgeschoß zu erreichen. Das war eine seltene Vorrichtung in der romanischen Kunst; sie hat sich erst in der Gotik entwickelt. Die Kapitelle, mit Blattwerk und seltsamen Figuren verziert, gehören zu den ältesten der Normandie (etwa aus dem Jahr 1020).

Die Wohnung des Abtes aus dem 16. Jahrhundert wurde in ein Museum umgewandelt und in den Gebäuden, die die Benediktiner von Saint-Maur im 17. Jahrhundert erbaut haben, sind heute Verwaltungsdienste untergebracht.

Von der »Promenade des Monts« aus hat man einen schönen Blick auf die Stadt und die Charentonne, die sich durch ein grünes Tal schlängelt.

Flußaufwärts liegt das Dorf Broglie, das ehemalige Chambrais. Seit dem 18. Jahrhundert trägt dieser Ort den Namen der berühmten piemontesischen Familie, die das Schloß Ludwig XV. übernommen hatte. In diesem Gebäude, das durch den verwandten Baustoff (Flint und eisenhaltigen Baustein) rustikal wirkt, befindet sich eine weithin bekannte Bibliothek.

In den Bassins seines großen Parks spiegelt sich das Schloß von Beaumesnil; dieses war für den Schriftsteller Jean La Varende (1887–1959) »der Stolz des Pays d'Ouche«. Es wurde zwischen 1633 und 1644 aus Steinen und Ziegeln erbaut und reichlich verziert; vor allem im Hauptgebäude verbindet sich der Klassizismus mit einem überschwenglichen Barock. Das Schloß ist im Besitz der Stiftung Furstenberg; es besteht ein ständiger Kontakt zur Nationalbibliothek. Hier ist ein Museum für Buchbinderei eingerichtet.

BROTONNE

(»Forêt de Brotonne«, Brücke und Naturschutzpark) (Département Seine-Maritime)

Die im Jahre 1977 eingeweihte Hängebrücke von Brotonne, eine gewagte Beton-Konstruktion mit einer Gesamtlänge von 1280 Metern, führt in einer Höhe von fünfzig Metern über die Seine.

Die Brücke verbindet so Caudebec mit dem »Forêt de Brotonne«, dem Wald von Brotonne, der eingerahmt wird von einer Flußwindung.

Der 1974 gegründete Regionale Naturschutzpark von Brotonne bezieht die 12 Hektar Staatsforst diesseits und jenseits der Seine mit ein. Er umfaßt im Westen das »Marais de Vernier« (ein Sumpfgebiet im Département Eure, zwischen der Seine und der Risle), im Osten und im Süden den »Forêt de Roumare« und den »Forêt de La Londe«. Er schließt auch einige landschaftliche Schönheiten ein wie Jumièges und Saint-Wandrille. Die wichtigsten Ziele sind der Schutz der Natur und der Denkmäler, das Bewußtwerden der Bevölkerung für die regionalen Reichtümer sowie die örtliche Freizeitgestaltung.

CABOURG-DIVES

(Département Calvados)

24 km nordöstlich von Caen

Der Badeort Cabourg, am linken Ufer der Dives, wurde im Jahre 1860 nach einem geometrischen Plan in Form eines Halbmondes geschaffen.

Alle Straßen laufen am Kasino und am Grand-Hôtel zusammen. Hier stieg der Schriftsteller Marcel Proust (1871–1922) am Beginn dieses Jahrhunderts häufig ab. Die mondäne Atmosphäre des Hotels, die Anordnung der Straßen mit den schattigen Villen, die Spiele am Strand hat er im eleganten »Balbec« in dem Kapitel »A l'ombre des jeunes filles en fleurs« seines Werkes »Auf der Suche nach der verlorenen Zeit« wieder aufleben lassen.

Der Boulevard des Anglais verläuft am großen Sandstrand entlang bis hin zur Spitze von Cabourg, einer sandigen Halbinsel mit dem Jachthafen.

Auf dem gegenüberliegenden Ufer des Flusses befindet sich die kleine Hüttenstadt Dives. Sie war früher ein wichtiger Hafen, bis sich im Mittelalter das Meer um zwei Kilometer zurückzog. Hier fand ehedem ein wichtiges Ereignis statt. Im Herbst 1066 startete Herzog Wilhelm von hier zur Eroberung Englands. Die Flotte, bestehend aus dreitausend Schiffen und fünfzigtausend Männern, landete in Pevensey, wo sie von norwegischen Verstärkungen erwartet wurde. Siebzehn Tage später endete die Schlacht von Hastings durch Wilhelms Sieg über Harold.

Die Namen der Begleiter von Wilhelm dem Eroberer wurden im 19. Jahrhundert in der Kirche Notre-Dame eingraviert. Diese Kirche steht in einer Grünanlage, die einen Friedhof ersetzt. Sie stammt aus dem 14. und 15. Jahrhundert außer der Vierung; sie ist ein Überrest eines romanischen Gebäudes. Die Decke des Kirchenschiffs ist aus Holz.

CAEN (Département Calvados)

224 km nordwestlich von Paris und 102 km nördlich von Alençon

Caen liegt am Zusammenfluß von Orne und Odon; als Hauptstadt des Départements Calvados ist es auch die Hauptstadt der Basse-Normandie. Die kulturelle Rolle der Stadt und ihre geistige Ausstrahlung seit dem Mittelalter hat ihre wirtschaftliche Entwicklung bis heute begünstigt.

Jüngste Forschungen haben ergeben, daß sich gallo-romanische Überreste dort befinden, wo die »Abbaye aux Hommes« steht. Die Entstehung des Marktfleckens Caen geht jedoch auf das Jahr 1025 zurück. Seinen Aufschwung verdankt es vor allem Wilhelm dem Eroberer, der dort seine von ihm bevorzugte Residenz errichtet hatte. Die Normandie war den Engländern im Jahre 1204 abgenommen worden, aber in den Jahren 1346 und 1417 wurde die Stadt Caen erneut von den Königen von England erstürmt. Im Jahre 1450 wurde sie wieder französisch. Die Pestepidemien und später noch die Unruhen der Fronde schwächten die Stadt sehr.

Aber der schwersten Heimsuchung war sie in jüngerer Zeit ausgesetzt, nämlich bei der Landung der Alliierten am 6. Juni 1944. Als Ziel massiver Bombardements wurde die Stadt zu zwei Dritteln zerstört. Nach der endgültigen Befreiung am 19. Juli wurde

Caen:» *Die Abbaye aux Hommes«*

sofort mit dem Wiederaufbau begonnen, bei dem es gelang, dem künstlerischen Erbe Geltung zu verschaffen.

Caen ist auch ein wichtiges Industrie- und Handelszentrum. Zahlreiche Eisenerzbergwerke haben die Ansiedlung eines großen eisenverarbeitenden Werkes gerechtfertigt wie auch den sehr aktiven Hafen. Der Bau des Kanals von Ouistreham im 19. Jahrhundert hat einen besonderen Aufschwung veranlaßt.

Der »Stein aus Caen«, ein harter, weißer Kalkoolith, wurde zu allen Zeiten für die Bauwerke in der Stadt und in der Umgebung verwandt. Zu den kulinarischen Spezialitäten gehören die berühmten »Tripes à la mode de Caen« (ein Gericht aus Rinderpansen). Für ihre Herstellung findet jedes Jahr ein Wettbewerb statt.

Zahlreiche Künstler stammen aus Caen, so zum Beispiel der Architekt Sohier, der Dichter François de Malherbe (1555–1628), die Maler Jean Restout, Stanislas Lépine (1836–1892) und der Komponist Esprit François Auber (1782–1871).

Seit dem letzten Krieg wurden das Schloß und die Befestigungsanlagen, die Wilhelm der Eroberer im Jahre 1060 erbaut und die seine Nachfolger erweitert hatten, mehr zur Geltung gebracht. Sie erlangten ihren authentischen Charakter zurück. Von dem Bergfried, den sein vierter Sohn Heinrich I. Beauclerc hinzufügte und der während der Zeit des Konvents (1792 bis 1795) zerstört wurde, sind nur noch die Fundamente erhalten geblieben. Aus dieser Zeit stammt auch noch ein Meisterwerk der romanischen bürger-

Caen: *»Maison des Quatrans«*

Caen: *Die Abbaye aux Hommes*

Caen: *Das Schloß* ▶

lichen Architektur, der »Salle de l'Échiquier« (vgl. Rouen), der Prunksaal des Herzogspalastes, in dem heute noch Empfänge gegeben werden. Die Ringmauer umgibt auch die restaurierte Kapelle Saint-Georges, das »Musée de Normandie« und das »Musée des Beaux-Arts« mit vielen Gemälden aus dem 15. bis 20. Jahrhundert. Auch auf den Festungsmauern, die größtenteils aus dem 15. Jahrhundert stammen, kann man spazierengehen.

Wilhelm der Bastard, der künftige Eroberer Englands, wurde exkommuniziert, weil er eine Verbindung mit einer Verwandten, Mathilde von Flandern, eingegangen war. Ein italienischer Gelehrter, Lanfranc, der sich in der Abtei Bec-Hellouin niedergelassen hatte, erreichte in Rom die Aufhebung dieser Strafe. Zur Buße gründeten sie zwei Klöster, die der Stadt ein neues Gesicht verliehen: die »Abbaye aux Hommes« und die »Abbaye aux Dames«.

Die »Abbaye aux Hommes« liegt im Nordwesten der Stadt; ihre Kirche Saint-Pierre wurde um das Jahr 1066 von Herzog Wilhelm unter der Leitung von Lanfranc begonnen. Letzterer wurde auch der erste Abt, bevor er zum Erzbischof von Canterbury ernannt wurde. Die Nüchternheit und die Strenge der hohen romanischen Fassade, bestehend aus einer Giebelwand mit zwei schlanken Türmen, – diese »harmonische normannische Fassade«, bei der der karolingische Vorbau verschwunden ist, bei dem alles der Schlichtheit der Architektur unterworfen wurde – waren der Ursprung zahlreicher Nachbildungen in den Kathedralen Europas; das gleiche gilt für das erhabene und schmucklose Kirchenschiff.

Im 13. Jahrhundert erhielten die Türme anmutige Spitzen im gotischen Stil, den man häufig in der Normandie vorfindet. Es wurde auch der erste gotische Chor der Provinz erbaut; er ist äußerst homogen und mit vielfältigen Motiven verziert, (er wurde im 17. Jahrhundert restauriert). Die Apsis stammt aus dem 13. und 14. Jahrhundert. Nach dem Einsturz des 120 Meter hohen mittleren Glockenturms wurde im 17. Jahrhundert der Laternenturm erbaut.

Die Klostergebäude der Benediktiner, in denen sich heute das Rathaus

befindet – hinter dem »Lycée Malherbe« – wurden ab 1704 von Guillaume de La Tremblaye wieder völlig aufgebaut. Die ursprünglichen Holztäfelungen findet man noch im ehemaligen Kapitelsaal, im Sprechzimmer und im Refektorium der Mönche. Auch der Saal der Wächter, der einzige Überrest aus der Gotik, ist völlig erneuert worden.

Königin Mathilde hat die »Abbaye aux Dames« im Jahre 1062 gegründet. Sie steht östlich des Schlosses. Der heiligen Dreifaltigkeit geweiht, besitzt sie ein geräumiges romanisches Kirchenschiff aus dem 11. Jahrhundert, dessen Rundbogen von einem Blendtriforium überragt wird, das im 12. Jahrhundert mit einem Spitztonnengewölbe versehen war. Hier wurde der benediktinische Plan verwirklicht und die typischen Chorkapellen, mit abnehmender Höhe, befinden sich diesseits und jenseits der Apsis mit der Halbkuppel.

Eine schöne Kapelle aus dem 13. Jahrhundert – die zwei im 18. Jahrhundert restaurierten Türme entstellen die Einfachheit des Stils nicht – ist ebenso sehenswert wie die romanische Krypta. Im Chorraum befindet sich das Grabmal der Herrscherin. Ein Krankenhaus ist in dem Teil der Abtei untergebracht, der im 18. Jahrhundert im Stil Ludwig XIV. wiederaufgebaut wurde.

Zahlreiche Bauwerke lassen die Entwicklung von Caen im Laufe der Jahrhunderte erkennen. Am Fuß des Schlosses bietet der Place Saint-Pierre hierfür zwei Beispiele:

– Die Kirche Saint-Pierre (deren stattlicher Turm nach 1944 erneuert wurde) wurde im 13. Jahrhundert im gotischen Stil begonnen und drei Jahrhunderte später von Hector Sohier beendet. Die Apsis, beachtenswert durch die üppige Verzierung, ist ein Juwel der Renaissance; den Stempel des Künstlers findet man wieder in den Gewölben der Seitenkapellen.

– Ein anderer Erfolg der ersten Renaissance mit italienischem Einfluß ist der Innenhof des Hôtel d'Escoville, das der gleiche Architekt von 1533 bis 1538 im Auftrag eines reichen Kaufmanns erbaut hat. Die Harmonie der Proportionen wird durch die großen Statuen mit mythologischen und biblischen Themen unterstrichen. Heute ist hier der Sitz des »Syndicat d'Initiative (Fremdenverkehrsamt)« und der Akademie von Caen.

Caen: *Die Kirche Saint-Pierre*

Im Norden der Stadt befindet sich die neue Universität, ein Symbol des Wiederaufbaus. Die 1957 eingeweihten Gebäude sind von einer klassischen Strenge und Einfachheit.

Im Westen der Stadt verteilen sich die Überreste der »Abbaye d'Ardenne«, das bedeutendste Kloster der Prämonstratenser in der Normandie, das im 12. Jahrhundert gegründet wurde, zwischen zwei Bauernhöfen. Ein Portal und eine Scheune stammen aus dem 13. Jahrhundert. Ein Pavillon im Stil Ludwig XIII. und klassizistische Gebäude sind die wichtigsten Überreste ebenso wie die Kirche mit ihrem Schiff in reiner Gotik.

Nicht weit entfernt liegt die gotische Kirche von Norrey; sie zeichnet sich aus durch einen Chorraum aus dem 13. Jahrhundert mit reich verzierten Kapitellen.

Im Tal der Mue steht das »Château de Lasson«, ein Renaissance-Schloß, dessen Front Hector Sohier reich verziert hat.

In einer feuchten Talmulde, abseits des Dorfes, steht die alte romanische Kirche von Thaon, ein wahres »befestigtes Gebet im Kleid der Felder« (J. Roman, »Toute la Normandie«, 1965). Sie hat einen äußerst eigenartigen Glockenturm aus dem 11. Jahrhundert und eine ausgefallene Außenverzierung. Heute wird die Kirche nicht mehr benutzt.

Im Osten von Caen zeugen die Überreste der Benediktinerabtei Saint-Martin in Troarn, am mittleren Flußlauf der Dives, noch zweihundert Jahre nach ihrer Gründung durch Roger de Montgomery im Jahre 1048, von ihrem Wohlstand im 13. Jahrhundert. Seine Gattin Mabile, berühmt wegen ihrer Grausamkeit, wurde ermordet und im Chorraum der Abtei beigesetzt.

An den Toren der normannischen Schweiz ist Thury-Harcourt Ausgangspunkt für reizvolle Spaziergänge. Das Schloß der Herzöge von Harcourt aus dem 17. Jahrhundert brannte 1944 aus. Es wurde auf dem noch vorhandenen Teil des Bauwerks wiederaufgebaut.

Vom 365 Meter hohen Mont Pinçon hat man einen herrlichen Blick auf den Bocage und das offene Land.

DIE KÜSTE DES CALVADOS UND DIE STRÄNDE DER INVASION

Die »Côte du Calvados«, von Caen bis Carentan, die »Côte de Nacre«, von der Orne bis nach Courseulles und die »Côte du Bessin«, die bis nach Vire reicht, sind eng verbunden mit der Erinnerung an die Landeunternehmen während des Zweiten Weltkriegs.

Das Oberkommando zur Befreiung Europas lag bei General Eisenhower, das der Landstreitkräfte »Overlord« bei General Montgomery. Auf der Gegenseite war General Rommel mit der Verteidigung der Küste – zwischen Saint-Nazaire und Holland einschließlich – betraut. Eine Verteidigung, für die er viel Energie aufwandte. Diese Gegend war vom alliierten Führungsstab »Cossac« ausgewählt worden wegen der Beschaffenheit der Strände. Ab 1943 wurde sorgfältig ein detaillierter Plan ausgearbeitet. Der deutsche Widerstand hatte keine Landung bei Ebbe und dazu noch an einem stürmischen Tag erwartet. Bedingt durch das schlechte Wetter hatte sich die Landung um 24 Stunden verzögert. Sie fand am 6. Juni 1944 bei Tagesanbruch statt.

Eingekesselt von Fallschirmjägern, die während der Nacht abgesetzt worden waren, nach einem intensiven Luft- und Seeangriff auf die Küsten und auf ihre Verteidigungsanlagen, unterstützt durch die aufeinander abgestimmten Einsätze der Résistance im Innern – alarmiert durch die BBC-Ausstrahlung eines kodierten Gedichts von Verlaine – landeten sechs alliierte Divisionen an einem achtzig Kilometer langen Küstenstreifen. Von Osten nach Westen wurden die Strände wie folgt benannt: Sword (Engländer) = Ouistreham-Lion-sur-Mer (vgl. Ouistreham); Juno (Kanadier) = Saint-Aubin-Courseulles; Gold (Engländer) = La Rivière-Asnelles; Omaha (zwei amerikanische Divisionen) = Sainte-Honorine-Viervielle; Utah (Amerikaner) = La Madeleine-Saint-Germain-

Bunker auf einem der Landungsstrände

de-Vareville.

Fünftausend Schiffe brachten nacheinander staffelweise Soldaten, Panzerfahrzeuge und Ausrüstungen für die Offensive an Land. Am Abend des »Tages X« war die Lage unsicher. Aber der Weg war frei für die Invasionsstreitkräfte, die sich in England gesammelt hatten. Die lange und kostspielige Schlacht in der Normandie dauerte siebenundsiebzig Tage.

Zahlreiche Soldatenfriedhöfe erinnern an die Verluste, die die Armeen der verschiedenen Nationen erlitten haben. Mächtige Beton-Befestigungsbauten, Überreste des »Atlantikwalls«, den die Deutschen errichtet hatten, kennzeichnen da und dort den Küstenstreifen.

CARROUGES
(Département Orne)

17 km östlich von La Ferté-Macé

Im Zentrum des 234 000 Hektar großen Naturschutzparks Normandie-Maine und am Rande des Waldes von Ecouves steht das Schloß von Carrouges, ein großes Viereck, umgeben von Wassergräben, flankiert von Türmen und Pavillons aus Ziegeln und Steinen.

Die Legende erzählt die Entstehung des Namens wie folgt: Graf Ralph hatte seine Frau, die schwanger war, betrogen. Als sie ihn in den Armen seiner Geliebten überraschte, erdolchte die gekränkte Frau die Geliebte, die in einem Brunnen verschwand, denn es war eine Fee. Einige Stunden später wurde Ralph mit durchschnittener

Dorf und Hafen von Arromanches, vom Felsen von Mauvieux aus gesehen

Kehle gefunden und auf seiner Stirn sah die Herzogin einen blutigen Flekken. Sie starb bei der Geburt ihres Sohnes Karl. Dieser wurde im Alter von sieben Jahren auch mit einem Stigma gezeichnet und von nun an »Karle le Rouge – der Rote« genannt.

Die Bauwerke entstanden zwischen lem 14. und 17. Jahrhundert rund um inen Ehrenhof. Das Torhaus oder »Châtelet« wurde von Jean Le Veneur m 16. Jahrhundert erbaut. Als Ludwig XI. sich auf den Mont Saint-Michel egab, soll er hier Station gemacht haen. Dieses Haus gehörte bis 1936 einer Familie aus Carrouges, nämlich ler Familie Le Veneur de Tillières, die ie dem Denkmalschutz (Monuments Historiques) überließ. Eine Porträtammlung erinnert an vergangene Generationen.

Auf halbem Weg zwischen Sées und Alençon ermöglicht das Massiv des Staatforstes von Ecouves reizvolle und hügelige Spazierwege, wie den Spaziergang am Rochers du Vignage oberhalb des Waldes und des freien Feldes m Alençon. Hier findet auch Hochwild Unterschlupf.

Der 417 Meter hohe »Signal d'Ecoues« ist mit dem »Mont des Avaloirs« ler höchste Gipfel im Nordwesten Frankreichs.

CAUDEBEC-EN-CAUX
(Département Seine-Maritime)

36 km nordwestlich von Rouen

Die ehemalige Hauptstadt des »Pays le Caux« liegt am Ufer der Seine, auf ler rechten Seite am Ausgang der bewaldeten Talmulde Sainte-Gertrude. Die Fabriken von Regenhüten aus Filz, »caudebecs« genannt, erfuhren m 15. Jahrhundert einen gewissen Aufschwung.

Die Eindeichung und die Kanalisieung des Flusses haben die Springflut eendet. In der Tat konnte dieses Naurereignis von Caudebec eindrucksoll beobachtet werden. Es handelte ich um eine Art Barre (Sandbank), ie bei der Flut durch das Zusammenreffen des abfließenden Flußwassers mit der steigenden Flut entstand. Eine erstörerische Welle schlug dann mit Wucht auf die Ufer auf und verursache häufig Unfälle, wie diejenigen, die

Carrouges:
Das Torhaus des Schlosses ▶

Auf den folgenden Seiten:
Cerisy: *Chor und Apsis*

Cerisy-la-Forêt: *Die Abteikirche*

die Familien Hugo und Vacquerie in Trauer versetzten.

Nach dem Brand im Jahre 1940, der im Stadtzentrum nur einige Fachwerkhäuser verschonte, wie das Haus des Templerordens (Maison des Templiers) aus dem 13. Jahrhundert, in dem sich heute das »Musée Biochet-Bréchot« befindet, und die Kirche, mußte die Stadt zum großen Teil wiederaufgebaut werden.

Die Kirche Notre-Dame war für Heinrich IV. »die schönste Kapelle des Königreiches«. Sie wurde von 1426 bis 1539 im spätgotischen Stil errichtet. Oberhalb der Türen einer reich verzierten Fassade und über einer mit Karyatiden versehenen Galerie befindet sich eine riesige Rosette. Unter dem Giebel wurden Inschriften in den Stein gehauen. Eine Balustrade umgibt das ganze Gebäude. Die Turmspitze in Form einer Tiara aus Stein wurde im 19. Jahrhundert restauriert.

Im Innenraum beherrscht die Steinempore der Orgel das Kirchenschiff, ohne Seitenschiff, das durch Fenster aus dem 16. Jahrhundert erhellt wird. Ein verzierter Baldachin schmückt die Grabkapelle.

In der Kapelle, die der Gottesmutter geweiht ist, trägt ein sieben Tonnen schwerer Schlußstein, ein Meisterwerk des Architekten Guillaume Le Tellier, der hier bestattet ist, die Spitzbogen, die die Apsis stützen.

Südlich von Caudebec verläuft die Brücke von Brotonne (vgl. Brotonne), die die alte Fähre über die Seine ersetzt.

Etwas weiter stromaufwärts liegt der kleine Hafen von Duclair inmitten von Obstgärten an der Mündung der Austreberth. Die Kirche Saint-Denis hat einen romanischen Turm mit einer Spitze aus dem 16. Jahrhundert. Für das Kirchenschiff mit dem Spitzbogengewölbe wurden Baustoffe aus der gallo-romanischen Zeit verwandt. Ein Beispiel hierfür sind vier halbe Marmorsäulen. Die Statuen aus dem 14. Jahrhundert stammen aus der Kirche Saint-Pierre in Jumièges.

Die berühmte »kleine Ente aus Duclair (Caneton de Duclair)« ist eine kulinarische Spezialität der Gegend. Hierbei handelt es sich um eine Kreuzung der Wildenten, die in Sumpfgebieten lebten, und der freilebenden Hausenten.

CERISY-LA-FORET
(Département Manche)

18 km nordöstlich von Saint-Lô

Im Nordosten von Saint-Lô, in der Nähe eines Buchenwaldes, gruppiert sich die kleine Gemeinde von Cerisy-la-Fôret rund um die Überreste einer mächtigen Benediktinerabtei, die im 6. Jahrhundert von Vigor, dem späteren Bischof von Bayeux gegründet wurde. Herzog Robert I. erneuerte sie im Jahre 1030. Hier schmückten die Mönche die Schriften des heiligen Gregor aus.

Trotz der Verstümmelungen, denen im 19. Jahrhundert mehrere Joche des Kirchenschiffs zum Opfer fielen, erinnert die Abteikirche durch ihre Nüchternheit und ihre Kühnheit an die architektonischen Versuche der romanischen Kunst, das Licht in das Innere des Gebäudes eindringen zu lassen.

Ursprünglich waren im Kirchenschiff und im Chor Decken eingezogen, wie man es auch heute noch häufig in romanischen Kirchen in England sieht.

Da die tragenden Mauern so das

Gewicht des Gewölbes nicht aushalten mußten, konnten sie etwas ausgehöhlt werden. Die drei Fenster-Etagen des mit Tribünen versehenen Kirchenschiffs findet man auch im Chor und in der Apsis, wo die rundum verlaufende Mauer mit Öffnungen und begehbaren Galerien versehen ist, eine seltene Anordnung in jener Zeit. Die Apsis weist eine große Ausgewogenheit von Formen und Kräften auf. An der Vierung hat ein Laternenturm zur Helligkeit der Kirche beigetragen. Er wurde jedoch im 14. Jahrhundert durch ein Kreuzgratgewölbe ersetzt, als die Ordensleute den Chorraum umgestalteten. Die laufende Restaurierung soll dem Bauwerk die ursprüngliche Anordnung wiedergeben.

Die Klostergebäude aus dem 13. Jahrhundert sind noch erhalten. Die Kapelle des Abtes, ein Geschenk des heiligen Ludwig, ist ein Beispiel reinster Gotik.

DIE INSELN CHAUSEY
(Département Manche)

Vor der Küste von Granville

Fünfzig Minuten benötigt man, um mit dem Schiff von Granville zu dem Archipel aus Granitgestein, den Inseln Chausey zu gelangen; es ist ein wahres Paradies für Fischer von Muscheln und Krebsen. Wenn man bei Flut auch nur etwa fünfzig kleine Inseln oder Riffe sieht, so erscheinen bei Ebbe mehr als dreihundert Inselchen, soviel Inseln wie Tage im Jahr.

Nur die »Grande Ile – Große Insel«, auf der Heide und Stechginster wachsen, ist bewohnt und für Touristen zugänglich. Hier befinden sich ein kleines Fischerdorf mit seiner Kapelle, zwei Hotels, ein Leuchtturm, ein Fort und ein von Louis Renault restauriertes Schloß. Dieses sind die einzigen Gebäude.

Der Granit von Chausey wurde lange Zeit abgebaut und vor allem für den Bau auf dem Mont Saint-Michel verwandt.

CONCHES-EN-OUCHE
(Département Eure)

18 km südwestlich von Evreux

Oberhalb einer Flußschleife des Rouloir in einer waldreichen Gegend des Pays d'Ouche liegt das Dorf Conches – das altfranzösische Wort für »coquille (Muschel)«. Es stammt also von dem gleichen Wort ab wie der Ort Conques in Aquitanien, der wegen seiner Abtei Sainte-Foy bekannt ist. Bei seiner Rückkehr aus Spanien hatte Roger de Tosny seine Wallfahrt im Jahre 1034 hier unterbrochen und zu Ehren der Heiligen, deren Reliquien er mitgebracht hatte, eine Kirche gebaut.

Der Leuchtturm auf der Insel Chausey

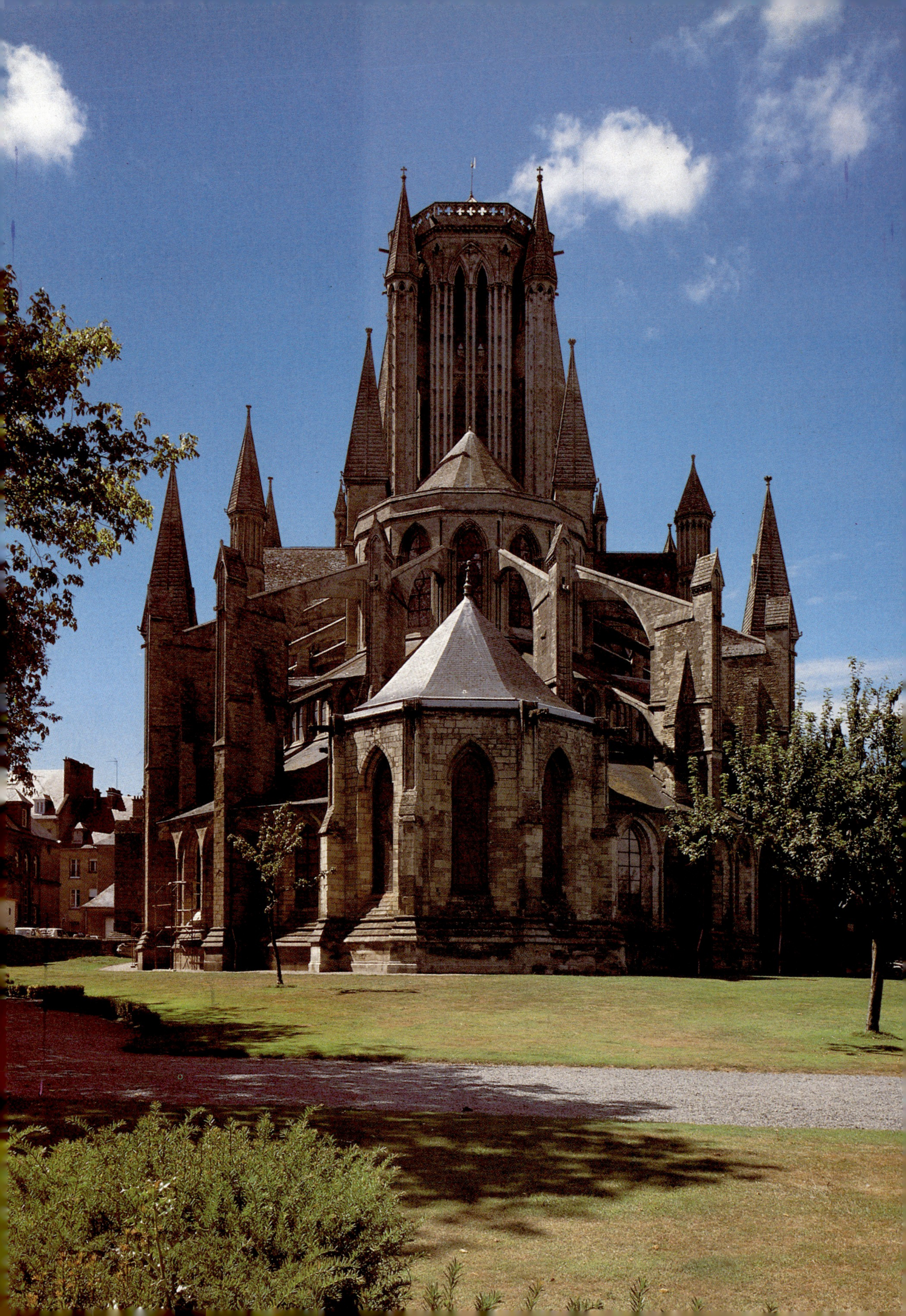

Nicht weit entfernt von den Ruinen des zylinderförmigen Bergfrieds aus dem 12. Jahrhundert steht die Kirche Sainte-Foy. Im spätgotischen und Renaissance-Stil wurde sie im 15. und 16. Jahrhundert an Stelle des alten Gebäudes errichtet. Einer der Fronttürme, mit einem Glockenturm mit feinen Skulpturen versehen, wurde im 19. Jahrhundert umgebaut, während der andere Turm unvollendet blieb.

Fenster aus dem 16. Jahrhundert schmücken die Seitenschiffe und den Chorraum. Die Fenster des Chors stellen das Leben Jesu und der heiligen Fides (Foy) dar. Sie sollen von einem Künstler aus Beauvais, Romain Buron, angefertigt worden sein. Er wurde von deutschen Meistern, wie Dürer, inspiriert.

COUTANCES
(Département Manche)

27 km westlich von Saint-Lô

In einer sehr abwechslungsreichen Bocage-Landschaft im Süden des Cotentin liegt die Stadt auf einem Hügel, dessen höchster Punkt die Kathedrale ist. Schon zur Zeit der Römer war die Stadt ein religiöses Zentrum. Coutances und Cotentin werden beide von dem Namen des Kaisers Constance Chlore abgeleitet.

Mehrere Male im Laufe der Geschichte wurde die Stadt verwüstet. Auch 1944 blieb sie nicht verschont. Der Architekt von Saint-Malo, L. Arretche, hat sie wieder aufgebaut.

Im 13. Jahrhundert wurde die Kathedrale Notre-Dame von den Bischöfen Hugues de Morville und Jean d'Essey auf den Überresten eines romanischen Gebäudes errichtet. Dieses hatte Geoffroy de Montbraye im Jahre 1030 begonnen und es dank der Großzügigkeit der Söhne von Tancrède de Hauteville, den Gründern des Königreichs Sizilien, auch vollendet. Ihr hochaufragendes Aussehen, ihre Anmut, ihre Ausgewogenheit machen sie zu einem der schönsten Beispiele gotischer Kunst in der Normandie; »ein erhabenes Lustschlößchen«, wie Vauban meinte.

Einige romanische Strukturen sind noch sichtbar. So sind die Türme der Fassade durch eine Balustrade, die »Galerie des roses«, miteinander verbunden. Sie wurden mit gotischen Elementen versehen und erhöht, haben aber im Innern die alten Fundamente behalten. Flankiert werden sie von länglichen Türmchen mit spitzzulaufenden Öffnungen, die dem Ganzen eine überraschende Leichtigkeit verleihen. Aus der Apsis ragt ein hoher Laternenturm empor, »Le Plomb« genannt. Mit der Kühnheit seiner Formen verbindet er eine feine und ausgefallene Ausschmückung.

Diese senkrechte Richtung und diese Kühnheit finden sich auch im Kirchenschiff wieder, wo auf vielen Säulensträngen zahlreiche Rippen zusammenlaufen und so den Effekt des Aufschwungs betonen. Über den Blind-Emporen befindet sich eine Balustrade. An der Vierung erreicht das Gewölbe des Laternenturms 41 Meter; so wird der Hauptaltar von Licht überflutet. Den einfachen Chorraum umgeben zwei Umgänge, wobei das Gewölbe des zweiten sich geschickt mit dem des Kapellenkranzes verbindet.

Der Laternenturm der Renaissance-Kirche Saint-Pierre erinnert an die Papst-Tiara und an die Unterstützung, die Papst Alexander VI. dem Bauwerk gewährte.

Vom terrassenförmig angelegten öffentlichen Park aus, dem ehemaligen Park des Hôtel de La Morinière, kann man die Überreste des Aquädukts aus dem Mittelalter sehen.

CREULLY-SAINT-GABRIEL-BRECY
(Département Calvados)

10 km nordwestlich von Caen

Zwischen der Region des Bessin und der »Campagne« von Caen, wo man malerische alte Mühlen findet, beherrscht die Burg von Creully das Tal

◀ *Die Apsis der Kathedrale von Coutances*

Creully: *Die Burg* ▶

Das ehemalige Priorat Saint-Gabriel-Brécy

der Seulles. Die Festungsmauer stammt aus dem 12. und 13. Jahrhundert. Zur Burg gehören mehrere Gebäude, unter anderen ein rundes Türmchen aus dem 16. Jahrhundert, das an den Bergfried angebaut ist, und die Ställe im Stil Ludwig XIII.

Diese Burg sollte man nicht mit dem nahegelegenen Schloß von Creullet verwechseln. Es stammt aus jüngerer Zeit und diente Marschall Montgomery im Juni 1944 als Stabsquartier.

Unweit des Weihers von Brécy befinden sich die Überreste des Priorats Saint-Gabriel-Brécy. Das Schloß von Brécy mit seinem prunkvollen Portal liegt in einem terrassenförmig angeordneten Garten und erinnert an die Fähigkeiten des bekannten Mansart.

Das Priorat unterstand der Abtei von Fécamp. Es wurde im 11. Jahrhundert von einem der Mönche, Vital, dem Sohn des Herrschers von Creully gegründet. Durch das Ausmaß der Klostergebäude (hier ist heute ein Gartenbauzentrum), der Pförtnerwohnung und der Kirche war dieses Priorat eine richtige Abtei.

Von ihr ist nur der romanische Chorraum mit seiner ausgefallenen Ausschmückung erhalten geblieben. Skulpturen und die geometrische Verzierung bedecken die ganze zur Verfügung stehende Fläche und unterstreichen so die architektonischen Linien.

Ein Turm mit zwei Etagen befestigte das ganze Bauwerk. Auch der große gewölbte Speisesaal ist erhalten geblieben.

DEAUVILLE - TROUVILLE (Département Calvados)

29 km nördlich von Lisieux

Auf beiden Seiten der Touques breiten die zwei berühmten Badeorte Deauville und Trouville ihren Luxus und ihre Eleganz aus. Hierher kommt nicht nur »Ganz-Paris« sondern auch internationales Publikum. Dieser Hang zum mondänen Leben schließt die sportliche Tätigkeit nicht aus, die begünstigt wird durch moderne Einrichtungen und zahlreiche Wettbewerbe.

Bereits im 19. Jahrhundert kannten Maler und Schriftsteller – wie Eugène Isabey (1804-1886), Alexandre Dumas (sen. 1803–1870 und jun. 1824–1895) und Gustave Flaubert (1821–1880), der hier seiner großen Liebe, Madame Schlesinger begegnete – den kleinen Hafen von Trouville. Im Zweiten Kaiserreich wurde er der Ort der Begegnung einer intellektuellen und künstlerischen Elite. Der Maler Eugène Boudin (1824–1898) hat den großen Strand verewigt, der übersät ist mit Silhouetten, die sich vom kontrastreichem Hintergrund abheben. In seinem Werk »Auf der Suche nach der verlorenen Zeit – A la recherche du temps perdu« hat Marcel Proust (1871–1922) das »Hôtel des Roches-Noires« heraufbeschworen, das so häufig von Generationen von Malern, die diesen Ort mochten, wiedergegeben worden war.

Außerhalb der Reisesaison gibt es in der kleinen Stadt noch andere Aktivitäten. Der Fischfang hat nicht nachgelassen: frische Fische und Meeresfrüchte erfreuen sich großer Beliebtheit.

Deauville, das »21. Arrondissement von Paris«, ist vor allem ein Sommerurlaubsort, obwohl die Saison sich immer mehr ausdehnt. Der riesige Sandstrand, das Kasino, die Rennbahnen, auf denen Ende August das Große Reitturnier ausgetragen wird, der internationale Verkauf der einjährigen Rennpferde, der »Yearlings«, die berühmte Strandpromenade »Les Planches«, wo sich die Stammgäste treffen und die Neugierigen bummeln gehen, schaffen eine abwechslungsreiche und farbenprächtige Atmosphäre.

Eine Anzahl von Villen im Stil Napoleon III. erinnern an die Anfänge des Badeortes, wie das Baden durch den Herzog von Morny, einen Halbbruder des Kaisers, in Mode kam. Große stattliche Häuser sind ein Beweis für seinen Aufschwung zu Beginn dieses Jahrhunderts.

An der neuen Anlegestelle von Port-Deauville an der Mündung der Touques, ist Platz für tausend Jachten vorhanden.

Der Mont Canisy, der »Balcon von Deauville« ermöglicht einen Blick über die ganze »Côte Fleurie (blühende Küste)«; der Name drückt aus, um welch schöne Landschaft es sich hierbei handelt, um die waldreiche, hügelige Gegend von Villers-sur-Mer und das mit Obstgärten bedeckte Hinterland.

Im Norden stößt die normannische Küstenstraße mit ihrer üppigen Vegetation auf Honfleur. Der Felsen in der Nähe von Villerville hat vor kurzem seine »geologische Existenz« kundgetan: als Folge des Frostes hat ein plötzlicher Erdrutsch im Januar 1982 auf etwa einem Kilometer Länge eine breite Spalte verursacht.

DOMFRONT (Département Orne)

40 km südöstlich von Vire

Domfront, die Stadt aus dem Mittelalter (sie wurde nach dem heiligen Einsiedler Front benannt), gründete sich in einer strategisch günstigen Lage oberhalb des Tales der Varenne. Es ist die Hauptstadt des Passais, einer Gegend mit Obsthainen, wo der Birnenmost im Wettstreit liegt mit dem Cidre.

Von der Festung, die Guillaume I. de Bellême errichtet und die Henri I. de Beauclerc wiederaufgebaut hat, sind nur noch Ruinen übrig. Der Bergfried liegt in einem schönen Garten und beherrscht die ganze Umgebung.

Am Fuß der Stadt liegt die Kirche Notre-Dame-sur-l'Eau. Sie unterstand früher der Abtei von Lonlay. In ihr wird die Einfachheit und die Regelmäßigkeit der romanischen Architektur verkörpert, obwohl sie im 19. Jahrhundert wegen einer Straßenerweiterung einen Teil ihres Kirchenschiffs eingebüßt hat. Ihre Anordnung in Form des lateinischen Kreuzes wird von einem solide gebauten, nüchternen Hauptturm gekrönt. Schmale Schießscharten lassen das Licht durch den Granit einfallen.

Nicht weit entfernt liegt die Benediktinerabtei von Lonlay. Sie wurde 1017 von Guillaume de Bellême gegründet. Die Abteikirche ist kürzlich restauriert worden. Durch einen Portalvorbau aus dem 15. Jahrhundert gelangt man sofort in das romanische Querschiff mit den verzierten Kapitellen. Der sehr lange gotische Chorraum dient heute als Kirchenschiff.

ECOUIS (Département Eure)

Etwa 40 km nordöstlich von Evreux

Im »Vexin normand« kann man die Dorfkirche von Ecouis mit einem Museum der Bildhauerkunst des 14. Jahrhunderts vergleichen. Sie ist Enguerrand de Marigny, einem Minister von König Philipp dem Schönen zu verdanken, der die einheimischen Künstler durch seine Aufträge förderte.

Die gotische Stiftskirche Notre-Dame wurde von diesem Mäzen gegründet. Sie besteht aus einem breiten Kirchenschiff ohne Seitenschiffe. Das

Die Felsen von Etretat. ▶

Deauville: *Das Kasino*

Evreux, der Kreuzgang.

Gewölbe wurde im 18. Jahrhundert ausgewechselt.

Ursprünglich schmückten zweiundfünfzig Statuen, ein Geschenk von de Marigny, die Kirche. Eine ganze Reihe verschwanden während der Revolution oder sie wurden zerstört. Die Freiheit der Haltung und die Harmonie der Linien, die sich aus einer sachkundig angewandten Technik ergeben, spiegeln sich wieder in besonderen Zeugen, wie die heilige Veronika oder die heilige Agnes (auch die heilige Maria-Magdalena oder die heilige Maria, die Ägypterin genannt), die nur mit ihren in Locken herunterfallenden Haaren bedeckt ist. Die liegenden Marmorfiguren von Jean de Marigny, Erzbischof von Rouen, und die des Bruders von Enguerrand überraschen durch ihren Realismus. Hier befinden sich auch noch andere Holz- und Steinstatuen aus dem 14. bis 17. Jahrhundert. Das Chorgestühl stammt aus dem 14. Jahrhundert und die Holztäfelungen des Querschiffs aus dem 18. Jahrhundert.

In »La France inconnue – Das unbekannte Frankreich« (1959) gibt G. Pillement die rätselhafte Inschrift einer Steinplatte wieder. Hier steht übersetzt: »Hier liegt das Kind, hier liegt der Vater, hier liegt die Schwester, hier liegt der Bruder, hier liegt die Ehefrau und der Ehemann, es sind nur zwei Körper hier.« Ein Mann hatte, ohne daß er es wußte, die Tochter geheiratet, die er achtzehn Jahre zuvor mit seiner Mutter bekommen hatte (und die also gleichzeitig seine Schwester war). Als sie dieses erfuhren, starben sie vor lauter Leid.

ETRETAT
(Département Seine-Maritime)

27 km nördlich von Le Havre

In Etretat, ein von den Briten im Sommer häufig besuchter Ort, haben die weißen Felsen des »Pays de Caux« eindrucksvolle Formen angenommen. Das Meer hat nach und nach wahre architektonische Wunderwerke in den mit Feuerstein durchsetzten Kalk gespült. Auch der Geröllstrand besteht aus vielen Teilchen dieses Kalkfelsens, der ständig angegriffen, zerklüftet, poliert und wieder von der Brandung überschwemmt wird. Maler und Schriftsteller haben diesen kleinen Fischereihafen mit seinen kontrastierenden Farben schon im 19. Jahrhundert bekannt gemacht, diesen Hafen, der durch den Bruch der Steilküste entstand.

Auf der Steilküste von Amont liegt die moderne Kapelle »Notre-Dame de la Garde«, der Beschützerin der Seeleute, direkt neben dem »Musée Nungesser et Coli«. Dieses erinnert an zwei Flieger, die im Jahre 1927 vergeblich versuchten, den Atlantik ohne Zwischenlandung an Bord des »Oiseau bleu – Blauen Vogels« zu überqueren. Vom Belvedere aus hat man einen schönen Blick auf die gesamte Küste.

Über einen schmalen Pfad erreicht man den Südfelsen, von dem sich die Porte d'Aval, eine riesige, in den Felsen gehauene Arkade, abhebt. Der Blick auf die »Aiguille d'Etretat«, eine hohe, im Wasser stehende Felsenspitze, ist überwältigend. In ihr soll eine legendäre Höhle sein, in der sich der Held von Maurice Leblanc, Arsène Lupin, aufgehalten haben soll. Weiter links liegt die »Manneporte«, ein riesiger, neunzig Meter hoher Bogen, der sich bis zum Cap d'Antifer erstreckt.

EVREUX (Département Eure)

55 km südlich von Rouen

Als Hauptstadt des Départements Eure entstand diese wirschaftlich aufstrebende Handelsstadt im Tal der

Fécamp, Ehrenmal für die toten Soldaten und Seeleute.

Iton in der Nähe des Waldes und inmitten einer reichen landwirtschaftlichen Gegend. Die traditionelle Weberei-Industrie – Leinen aus zwei- und dreifachen Fäden – die den wirtschaftlichen Aufschwung im 19. Jahrhundert bestimmte, hat sich inzwischen auf verschiedenartige florierende Wirtschaftszweige umgestellt.

Aber im Laufe der Geschichte blieb die Stadt von Heimsuchungen nicht verschont: Invasionen der Barbaren, Brände, Zerstörungen durch Kriege, die Bombardements des Jahres 1944.

Eine blutige Episode gab es im Jahre 1194 unter der Herrschaft von König Johann I. ohne Land (König von England). Er hatte Gewissensbisse, daß er in Abwesenheit von Richard Löwenherz die Stadt an den König von Frankreich verkauft hatte. So ließ er die Garnison und ihre Anführer meuchlings ermorden, bevor er bei der Ankunft von Philipp Augustus floh, der Vergeltung übte, indem er die Stadt in Brand setzte.

Die galloromanische Befestigungsanlage im Süden wurde im 3. Jahrhundert erbaut. Die Kathedrale, die zwischen dem 12. und dem 17. Jahrhundert in den verschiedenen Stilrichtungen errichtet wurde, und die beachtenswerten Fenster sind ein Spiegelbild dieser glücklichen oder wirren Zeiten.

Viele Stilrichtungen erkennt man in diesem Bauwerk, das im 17. Jahrhundert mit dem Turm beendet wurde. Die Renaissance-Fassade im Westen wird von zwei Türmen eingerahmt. Sie unterscheidet sich sehr von dem Nordportal von Jean Cossart (Beginn des 16. Jahrhunderts), bei dem das Leuchten der gotischen Verzierung seinen Höhepunkt erreicht.

Das romanische, enge Kirchenschiff ist durch ein schräges Joch mit dem breiteren gotischen Chorraum verbunden, das abgeschlossen wird durch ein Gitter aus dem 18. Jahrhundert und durch hohe Fenster aus dem 14. und 15. Jahrhundert erhellt wird. Das geschnitzte Chorgestühl ist ein Geschenk von Karl dem Bösen aus dem Jahre 1388.

Die Kapellen des Chorumgangs sind durch reich verzierte Renaissance-Holzschranken abgegrenzt. In der Kapelle der Gottesmutter, deren Errichtung Ludwig XI. zu verdanken ist, befinden sich eine Reihe Fenster aus dem 15. Jahrhundert und schöne Statuen.

Die Kirche Saint-Taurin, eine ehemalige Benediktinerabtei, die über dem Grab von Taurin, dem ersten Bischof von Evreux, errichtet worden war, wurde in der Gotik umgebaut.

Die romanischen Kreuzflügel und die romanische Krypta blieben jedoch erhalten. Außer den Fenstern, die das Leben des Heiligen wiedergeben, besitzt die Kirche auch noch einen wertvollen Schrein mit seinen Reliquien. Dieser Reliquienschrein, ein Meisterwerk der Goldschmiedekunst (vergoldetes Silber und Emaille) des 13. Jahrhunderts, ist ein Geschenk des heiligen Ludwig. Es ist eine Miniatur-Darstellung der Sainte-Chapelle in Paris.

An die Kirche angebaut ist das ehemalige Bischofspalais von Raoul du Fou, in dem jetzt ein Museum eingerichtet ist. Die hier ausgestellten archäologischen Funde stammen aus dem alten Evreux, dem ehemaligen gallischen Marktflecken der Eburonen.

FALAISE
(Département Calvados)

34 km südöstlich von Caen

Die kleine Stadt Falaise, über dem Tal der Ante gelegen, wurde auf grausame Art und Weise durch den Kampf der alliierten Streitkräfte gegen die Armeen Hitlers von Juni bis August 1944 in Mitleidenschaft gezogen. Aber schon lange vorher war die Stadt in die Geschichte eingegangen.

In der Tat, von einem Fenster des Schlosses aus soll Herzog Robert le Magnifique (Herzog der Normandie von 1027 bis 1035), auch Robert le Diable (der Teufel) genannt, die junge Wäscherin Arlette gesehen haben, als sie sich zu einem Brunnen, der heute noch existiert, begab. Aus dieser Beziehung ging der berühmte Sohn Wilhelm, der spätere Eroberer, hervor. Dieser war der Wohltäter und Gönner seiner Geburtsstadt. Er gründete die Messe von Quibray, einem Vorort von Falaise.

Die Burg, auf einem Sandsteinfelsen erbaut, gegenüber dem Berg Myrrha auf der anderen Seite der Ante gelegen, ist von einer Befestigungsanlage aus dem 13. Jahrhundert umgeben, die früher von vierzehn Türmen flankiert wurde.

Der rechteckige Bergfried, umgeben von tiefen Gräben, ist das Werk Heinrich I. Beauclerc, Sohn von Wilhelm dem Eroberer. Er stammt aus dem 12. Jahrhundert. Mit seinen schlanken Strebepfeilern sieht er immer noch gewaltig aus, obwohl er kein Dach und keine Geschoßdecke aufweist. Auf der oberen Etage entsprechen die Öffnungen den ehemaligen herrschaftlichen Wohnungen. Ein ähnliches, aber etwas späteres Bauwerk ist der kleine angebaute Bergfried. Der »Tour Talbot« (ein Turm aus dem beginnenden 13. Jahrhundert), durch einen Mittelwall mit dem Hauptwachtturm verbunden, ist das Werk von Philipp Augustus. Es hat fünf Stockwerke. Seine Mauern sind vier Meter dick.

Die Kirche de la Trinité, die gerade restauriert wird, besitzt außer den gotischen und spätgotischen auch noch Bauteile aus der Renaissance, wie zum Beispiel die Strebebogen und die Strebepfeiler der Apsis und einen Portalvorbau mit einem Kassettengewölbe.

In der Umgebung von Falaise steht das klassizistische Schloß von Versainville. Es hat Marschall Fouquet gehört.

FECAMP
(Département Seine-Maritime)

40 km nordöstlich von Le Havre

Die Stadt Fécamp, an der Küste in einem engen Tal zwischen den hohen Felsen der Côte d'Albâtre (Alabasterküste) gelegen, verdankt dem Kloster de la Trinité, dem Benediktinerlikör und dem Hafenbetrieb ihren Aufschwung.

Im 7. Jahrhundert gründete Herzog Waninge ein Frauenkloster an dem Ort, an dem vorher eine Kirche stand, in der die Reliquien des Kostbaren Blutes aufbewahrt wurden, das Joseph von Arimathäa aufgefangen hatte. Versteckt in dem Stamm eines Feigenbaums, den Wellen ausgeliefert, sollen sie hier an Land gespült worden sein. Auch heute werden sie noch durch Wallfahrten verehrt.

Die Wikinger haben die Abtei verwüstet. Bei ihrem Anblick haben sich die Nonnen ihr Gesicht verstümmelt, bevor sie den Märtyrertod starben. Das Kloster wurde 932 wieder aufgebaut und der Heiligen Dreifaltigkeit geweiht. Herzog Richard II. machte es im 11. Jahrhundert zu einem Benediktinerkloster, einem Wallfahrtsort, und entwickelte es durch die Berufung von Guillaume de Volpiano zum Abt zu einem einflußreichen geistigen und kulturellen Zentrum. Bis zur Revolution war sein Einfluß sehr groß.

Die Kirche und das Rathaus, das in den Klostergebäuden untergebracht ist, sind die wichtigsten Überreste aus jener Zeit. Als Ersatz für ein romanisches Bauwerk wurde die Kirche zwischen 1175 und 1220 errichtet; sie versinnbildlicht den ursprünglichen gotischen Stil der Normandie und konkurriert durch ihre Erhabenheit und ihre Weite mit den großen Kathedralen. Ein typisch normannischer Laternenturm erhebt sich über der Vierung. Die klassische Fassade wurde im 18. Jahrhundert erneuert.

Das lange, sehr nüchterne, mit Tribünen versehene Kirchenschiff mündet in einen geräumigen Chorraum, der von zahlreichen Kapellen umgeben ist. Hierin befinden sich die Gräber der Gönner der Abtei, wie der Herzöge Richard I. und Richard II. und des Abtes Guillaume de Volpiano. Während der Renaissance entstanden hier eine Reihe von Kunstgegenständen, wie die Chorschranken der Kapellen, die der Abt A. Bohier zu Beginn des 16. Jahrhunderts anfertigen ließ. In dem rechten Querflügel steht eine ausdrucksvolle Gruppe, die den Tod Mariens (1495) darstellt.

Fécamp, die Abtei « de la Bénédictine ».

Hier befindet sich auch der Reliquienschrein »Pas de l'Ange – Fußspuren des Engels«: Ein Engel soll am Weihetag des neuen Klosters im 10. Jahrhundert gekommen sein, um die Weihe an die Dreifaltigkeit zu verlangen. Dabei soll er den Fußabdruck im Stein hinterlassen haben. Hinter dem Hochaltar, über dem im 18. Jahrhundert ein Baldachin angebracht wurde, steht ein Renaissance-Altar von dem Italiener Girolamo Viscardo. Er ist verziert mit Flachreliefs. Der gleiche Künstler hat den Tabernakel vom Kostbaren Blut gestaltet, der sich in der etwas abseits gelegenen Marienkapelle befindet, die im spätgotischen Stil wiederaufgebaut wurde.

FLERS (Département Orne)

40 km westlich von Argentan

Diese Stadt im Bocage, die im Juni 1944 zu drei Vierteln zerstört worden ist, hat sich seit dem 19. Jahrhundert auf die Baumwollindustrie spezialisiert und später auch noch auf die Elektronik.

Das Schloß, das in einem rechten Winkel am Ufer eines Sees erbaut wurde, besitzt noch einen umgebauten Flügel aus dem 16. Jahrhundert, das Werk des Alchimisten Nicolas Grosparmy. Die Hauptfassade ist klassizistisch. Während der Revolution war hier das Hauptquartier der Chouans (Parteigänger des Königs in Westfrankreich gegen die Revolution). Heute birgt es ein Museum.

Westlich von Flers liegt die kleine Stadt Tinchebray, die Stadt des Kunstschmiedehandwerks. Sie erinnert an den berühmten Sieg von Heinrich I., König von England, im Jahre 1106 über seinen Bruder Robert Courteheuse, der dadurch das Herzogtum der Normandie verlor. Es ist die Heimat des Surrealisten André Breton.

Zwischen den beiden Flüssen Vère und Noireau verläuft der Mont de Cerisi, den man über einen von Rhododendronbüschen gesäumten Weg erreicht. Von hier aus hat man einen herrlichen Blick auf die Region des Bocage und auf die normannische Schweiz.

FONTAINE-HENRY (Département Calvados)

Etwa 10 km nordwestlich von Caen

In dem grünen Tal der Mue steht das Schloß Fontaine-Henry. Es ist der ehemalige Wohnsitz der Familie Tilly – nach Henry de Tilly wurde auch das Dorf benannt. Später gehörte es der Familie Harcourt.

Es steht an der Stelle, an der sich im Mittelalter eine Festung befand. Von ihr sind noch die überwölbten Keller und eine im 16. Jahrhundert umgebaute Kapelle übriggeblieben. Das anmutige Gebäude, das im 15. und 16. Jahrhundert errichtet wurde, hat zurückgesetzte Fassaden, die durch ihre Verzierung die verschiedenen Stilarten von Karl VIII. bis Heinrich II. wiedergeben. Den Einfluß der italienischen Renaissance erkennt man an der phantasievollen Verzierung mit Arabesken, Medaillons, übereinanderliegenden, vorspringenden Säulen. Es sieht so aus, als ob diese Ausschmückung auf einer noch gotischen Architektur angebracht worden sei.

Der große Pavillon, der um das Jahr 1537 gebaut und zum Teil von Le Prestre im Inneren dekoriert wurde, unterscheidet sich durch sein außerordentlich großes Dach, höher als das Gebäude selbst, und durch seinen riesigen Schornstein. Die sehr sorgfältig ausgearbeitete Fassade sieht aus wie eine echte Spitze aus Stein. Im Innern befindet sich eine Sammlung alter Möbel und Gemälde, die die aufeinanderfolgenden Generationen im Laufe der Jahrhunderte angeschafft haben.

Fontaine-Henry: *Die Westseite des Schlosses* ▶

GAILLON (Département Eure)

24 km nordöstlich von Evreux

In einer weiten Landschaft im Seine-Tal steht die Festung, die der heilige Ludwig den Erzbischöfen von Rouen geschenkt hat. Um das Jahr 1500 hatte Georges I. d'Amboise, auch Minister unter Ludwig XII., inspiriert durch die italienischen Paläste, sie in ein prunkvolles Renaissance-Schloß umgebaut.

Die Kunstgegenstände, die der Prälat gesammelt hatte, haben aus dem Bau ein »Avantgarde-Baudenkmal« gemacht, das diesen neuen Stil in der Normandie verbreiten sollte.

Angesehene Architekten, wie Pierre Fain, die Bildhauer Michel Colombe, Jean Juste und Laurent Mugiano – von dem einige Werke in den Louvre gebracht wurden – trugen zur Eleganz dieser reichen Wohnung bei, die unter Ludwig XIV. durch Hardouin-Mansart noch verschönert und vergrößert wurde. Die Gärten legte Le Nôtre an.

Während der Revolution wurde das Schloß verwüstet, war dann nacheinander Gefängnis, Kaserne und Fabrik. Das »Versailles der Renaissance« wird zur Zeit unter der Leitung der »Beaux-Arts« restauriert.

Der Eingangspavillon ist auf seinen beiden Seiten anmutig und originell verziert. Die Ausschmückung besteht aus Wandpfeilern, versehen mit Laubwerk und Muscheln, die charakteristischen Ornamente der ersten französischen Renaissance. Zwischen zwei mächtigen Türmen, in denen sich die Kapelle und der Saal des Kardinals befanden, sind eine Galerie und ein Treppentürmchen, verziert mit Medaillons, die letzten Überreste des Schlosses, dessen Schätze aufgeteilt wurden.

HONFLEUR (Département Calvados)

34 km nördlich von Lisieux

Dieser lebhafte kleine Hafen, gleichbedeutend mit Reiz und Poesie, gegenüber von Le Havre am linken Ufer der Seine-Mündung gelegen, birgt eine kostbare historische und künstlerische Vergangenheit, die keineswegs entstellt wird durch den Modernismus und die den Besucher erfüllt, der durch die alten Straßen geht.

Die Ausdehnung dieser alten Stadt begann hauptsächlich mit den Befestigungsanlagen, die Karl V. im 14. Jahrhundert erbauen ließ, und seiner militärischen Rolle während des Hundertjährigen Krieges.

Im 15. Jahrhundert entwickelte sich der Schiffsbau. Die großen Eroberungen festigten den Ruhm der Reeder und der Seefahrer aus Honfleur. Hier schiffte sich Paulmier de Gonneville ein, der Brasilien im Jahre 1503 erreichte. Jean Denis war der Erste, der von hier aus Neufundland und die Mündung des Sankt-Lorenz-Stroms (1506) erreichte. Später schiffte sich Champlain hier ein, der in Kanada an Land ging und 1608 Quebec gründete. Dort entstand eine normannische Siedlung.

Trotz der Konkurrenz von Le Havre nahm der Handel zu; der Kabeljaufang wurde intensiver. Im 17. Jahrhundert ließ Colbert das »Vieux Bassin – Alte Hafenbecken« anlegen und Salzspeicher erbauen, von denen noch zwei erhalten sind. Nach dem schweren Verlust von Kanada und den Wirren der Revolution erschloß sich Honfleur im 19. Jahrhundert eine neue, heute noch bestehende Einnahmequelle durch den Import von Holz. Andererseits begann die Stadt zahlreiche Künstler anzuziehen, die verzaubert waren durch den Kontrast der Farben, durch die Lichtspiegelungen im Hafen, durch die ganze Atmosphäre des Ortes.

Vom Jahre 1824 an kamen die Maler Eugène Isabey und Johann Barthold Jongkind regelmäßig nach Honfleur. Auch Eugène Boudin besuchte seine Geburtsstadt häufig. Um ihn bildete sich die sogenannte Schule »de Saint Siméon«. Der Name wurde von dem Landgasthof »Mère Toutain« hergeleitet, wo die Versammlungen stattfanden, an denen auch Charles Baudelaire (1821–1867) und Claude Monet (1840–1926) teilnahmen, die den Impressionismus begründeten.

Hier wurden die Historiker Albert Sorel (1841–1906), der Komponist Erik Satie (1866–1925) und sein Freund, der Humorist Alphonse Allais (1855–1905) geboren. Die Apotheke von Allais Vater mit dem Namen »Passocéan« (ein Medikament gegen die Seekrankheit!) existiert immer noch. Honfleur ist auch die Heimat des Dichters Henri de Régnier (1864–1936) und der Dichterin Lucie Delarue-Mardrus (1880–1945). Honfleurs Beitrag zur modernen Kunst ist beachtlich. Die Künstler finden sich immer wieder dort ein.

Außer den Fischereibetrieben gibt es hier einen wichtigen Holzhandel und Schiffswerften. Der Jachthafen befindet sich im Alten Hafenbecken. Auf Anweisung von Colbert legte Duquesne ihn an. Er spiegelt die schillernden Bilder der malerischen Häuser wider, die eng nebeneinander liegen und von denen der größte Teil mit Schiefer bedeckt ist. Da sie auf sehr schmalen Grundstücken errichtet wurden, mußten sie höher gebaut werden. Gegenüber dem Quai Sainte-Catherine liegt der Quai Saint-Etienne, der früher zum Ortskern gehörte. Die älteste Kirche von Honfleur, die »Eglise Saint-Etienne« wurde zum »Musée d'Ethnographie et d'Art populaire«, ein Museum, das Dokumentationen zur Volkskunde der Normandie zeigt, umgebaut.

Die Kirche Sainte-Catherine ist ein originelles Gebäude, ganz aus Holz, abgesehen vom Fundament, das nach der englischen Besatzung im Hundertjährigen Krieg errichtet wurde. Da es an Architekten mangelte, die für den Wiederaufbau in Beschlag genommen worden waren, errichteten die Schiffszimmerleute selbst dieses Bauwerk, dessen Baumaterial sie aus dem Wald von Touques holten (Ende 15. und 16. Jahrhundert). Die zwei Kirchenschiffe in Form umgekippter Schiffskiele werden von Holzpfeilern getragen. Auch für die Statuen wurde Holz verwandt. Der Turm der Kirche Sainte-Catherine ist mit einem Fugenboden gedeckt und wird von Holzpflökken gestützt, die ihm eine ungewöhnliche Silhouette verleihen. Der Turm mit der ehemaligen Wohnung des Glöckners wurde absichtlich freistehend gebaut.

Das Museum Eugènè-Boudin ist vor allem den Malern von der Flußmündung und den Künstlern aus Honfleur gewidmet, beginnend mit dem frühen Impressionismus, dessen wichtigster Vertreter natürlich Boudin ist.

Von der grünen »Côte de Grâce« aus, mit den vielen Apfelbäumen, entdeckt man ein weites Panorama von der Seine-Mündung bis Le Havre. Die Seeleute wallfahren an Pfingsten zu der anmutigen Renaissance-Kapelle Notre-Dame-de-Grâce. Die nahegelegene »Ferme Saint-Siméon« wurde zu einem Hotel umgebaut.

HOULGATE (Département Calvados)

35 km nordwestlich von Lisieux

Dieser belebte Badeort liegt im Tal des Drochon über einem riesigen sandigen Uferstreifen, der bei Ebbe die Krabbenfischer anlockt. Vom Aussichtspunkt »Butte d'Houlgate« hat

Honfleur: *Der Quai Sainte-Catherine* ▶

SALON DE
CN29713

man einen herrlichen Bick auf die Côte Fleurie.

In Richtung Villers fällt das Plateau von Auberville, eine eigentümliche Formation aus Mergel und Ton, abrupt zum Meer ab. So entsteht die sonderbare Landschaft der hohen Felsen, der »Vaches Noires«, mit dem veränderlichen Gipfel. Zu ihren Füßen entdecken die Interessierten bei Ebbe zahlreiche Mineralien und Fossilien. In dem Wirrwarr dieser mit dunklen Braunalgen bedeckten Felsen hat man Fossilien von großen prähistorischen Wirbeltieren gefunden.

DIE ANGLO-NORMANNISCHEN INSELN

Diese Granit-Inseln waren früher mit dem Festland verbunden. Die beiden größten, Jersey und Guernesey, sind jeweils die südlichste und die westlichste. Man erreicht sie mit dem Flugzeug oder per Schiff, die regelmäßig von Saint-Malo oder von der Westküste des Cotentin aus dorthin fahren.

Zu erwähnen sind auch noch die Inseln Aurigny im Nordosten, Sercq, Brechou, Herm und Jethou.

Jersey, die größte und dichtbesiedeltste der Inseln, ist 25 Kilometer von der französischen Küste entfernt. Durch die Nähe des Golfstroms hat sie ein ziemlich mildes Klima. Die Landschaft ist vielfältig – kleine Buchten und hohe Felsen im Norden, große Sandbuchten an den andern Küsten – dadurch werden viele Touristen angezogen.

Die wichtigsten Einnahmequellen sind der Gemüseanbau, die Rinderzucht, das Sammeln von Algen und der Fischfang. Dieser ist sehr ergiebig (u. a. besteht er aus Weichtieren wie dem Seeohr, aus Krebsen, Meeresaalen und anderen Fischen).

Seit 1154 gehört die Insel zu England. Sie hat aber eine eigene Verfassung und eine eigene Regierung. Im 18. und 19. Jahrhundert nahm sie politische Flüchtlinge aus Frankreich auf. Viele Einwohner stammen aus der Normandie. Der Dichter aus dem Mittelalter, Richard Wace, wurde auf der Insel Jersey geboren.

Die Hauptstadt Saint-Helier, nach dem ersten Missionar der Insel benannt, wird von dem Schloß Elisabeth beschützt. Der kleine Jachthafen liegt sehr geschützt. Die Stadt wird von Kauflustigen geschätzt. Die Burg Montorgueil im Osten überragt den Hafen von Gorey.

Im Gegensatz zu Jersey verläuft die Küste der Insel Guernesey von Norden nach Süden. Die Felsen im Südwesten erreichen 120 Meter Höhe. Die zerklüfteten Küsten im Westen und Nordosten münden im Norden in einen sehr flachen Küstenstreifen.

Bis zum 17. Jahrhundert war die Geschichte der Insel mit der von Jersey verschmolzen. Sie nahm einen unabhängigen Lauf, als die Bevölkerung

Luftaufnahme der Insel Sercq

Guernesey – Hauteville House (das Haus von Victor Hugo): *Galerie in Eiche*

beschloß, Cromwell gegen den König zu unterstützen. Im 18. Jahrhundert haben die gefährlichen Korsaren von Guernesey, die wegen ihrer unwahrscheinlichen Beute bekannt waren, den Wohlstand der Insel zusammen mit den Schmugglern gewährleistet. Wie für Jersey bestehen ihre Einnahmequellen heute in der Tierzucht, dem Gemüseanbau, vor allem durch den Anbau in Treibhäusern.

Guernesey, stärker anglisiert als Jersey, untersteht jedoch immer noch den Gewohnheitsrechten der Normandie.

Victor Hugo lebte fast fünfzehn Jahre im Exil auf Guernesey. In seinem Haus, Hauteville, sind Erinnerungsstücke des Schriftstellers zusammengetragen worden.

So wie in Jersey zeugen Überreste der Befestigungsanlagen von der deutschen Besatzung während des letzten Krieges.

Die Häuser der Hauptstadt Saint-Peter Port sind terrassenförmig oberhalb des Hafens gebaut worden.

Auch in Saint-Sampson wird Fischfang betrieben. Das im 13. Jahrhundert befestigte Schloß Cornet wurde im 16. Jahrhundert umgebaut.

JUMIÈGES
(Département Seine-Maritime)

28 km westlich von Rouen

In der Nähe des Waldes, eingeschlossen von einer Krümmung der Seine, sind die großartigen Ruinen der Benediktinerabtei von Jumièges noch heute ein Ausdruck der Mystik, der Nüchternheit und des Ehrgeizes.

Das Kloster wurde im Jahre 654 von dem heiligen Philibert gegründet, einem ehemaligen Höfling des Königs, der sich plötzlich dazu entschloß, Gott sein Leben zu weihen. Die Wikinger verwüsteten es. Wilhelm Langschwert restaurierte es zu Beginn des 11. Jahrhunderts. Wegen der Mildtätigkeit der hier lebenden Mönche bekam die Abtei den Beinamen »Jumièges l'Aumônier – Jumièges, der Almosenverwalter«. Nachdem der Herzog bei einer Jagd im Wald von Jumièges beinahe von einem Wildschwein getötet worden war und hierin einen Hinweis Gottes sah, versprach er den Wiederaufbau der Abtei.

Der Eifer von Guillaume de Volpiano, unterstützt von Richard II., förderte den Wohlstand der Abtei, die eine der reichsten in der Normandie wurde. Sie unterhielt gute Beziehungen zu den Königen von Frankreich. Ihr kultureller und religiöser Einfluß war beachtlich. Der gute Ruf ihrer Lehre zog zahlreiche Wissenschaftler an. Der Verfall begann im 18. Jahrhundert. Die Revolution verwüstete die Gebäude, die Kaserne und später Steinbruch geworden waren. Ein Industrieller versuchte sogar, den Turm durch eine Miene zu sprengen.

Die Abteikirche Notre-Dame wurde im Jahre 1067 von dem Erzbischof von Rouen, Maurille, in Gegenwart von Wilhelm dem Eroberer konsekriert. Die riesige Fassade, bestehend aus einem Vorsprung (Risalit) – ein geschützter Vorbau, der von der karolingischen Architektur übernommen wurde – und zwei hohen Türmen, kündigt schon die »harmonische normannische Fassade« an, wie sie später in Caen ausgeführt wurde. Dort gibt es den Vorsprung jedoch nicht mehr.

Die Fassade ist verdoppelt durch eine breite Tribüne, die zum Kirchenschiff hin offen ist. Dieses ist lang gestreckt und besitzt keinen Dachstuhl. Es überrascht durch den Rhythmus der in regelmäßigem Wechsel aufeinanderfolgenden Pfeiler und Säulen. Die Tribünen über den Seitenschiffen waren mit denen des zerstörten Querschiffs verbunden. Ein großer Bogen stützt noch die Mauerreste des Laternenturms. Trotz der klösterlichen Klausur zog sich ein Umgang um den romanischen Chorraum. Dieser wurde im 13. Jahrhundert durch einen gotischen Chor ersetzt, von dem nur noch zwei Kapellen erhalten sind.

Die »Passage Charles VII.«, so genannt in Erinnerung an den König, der Agnès Sorel in Mesnil-sous-Jumièges besuchte, führt zur Kirche Saint-Pierre. Dieses vorromanische

Jumièges: *Die Ruinen der Kirche Notre-Dame* ▶

Lessay: *Das Hauptschiff der Abteikirche*

und karolingische Bauwerk, zumindest im Hinblick auf den Portalvorbau und die ersten Joche des Kirchenschiffs, zeugt von der architektonischen Wissenschaft im 10. Jahrhundert. Die anderen Teile stammen aus dem 13. und 14. Jahrhundert.

Der Kapitelsaal, aus dem Beginn des 12. Jahrhunderts, führte zu dem heute verschwundenen Kreuzgang, der eingerahmt war von einer großen Kellerei und mehreren Sälen.

In der Wohnung des Abtes aus dem 17. Jahrhundert ist ein Lapidarium (ein Steinmuseum) eingerichtet. Zwei liegende Figuren aus dem 14. Jahrhundert erinnern an die Legende der »Enervés de Jumièges«: die Söhne Chlodwigs II., die sich gegen ihre Mutter Bathilde auflehnten, wurden der Folter der Enervierung unterworfen (d. h. Verbrennungen der Sehnen in den Kniekehlen), dann wurden sie in ein Boot auf der Seine gelegt. Der heilige Philibert fand sie in Jumièges; er nahm sie auf, aber sie starben kurze Zeit später.

LESSAY
(Département Manche)

21 km nördlich von Coutances

Der Ort Lessay liegt an einem Engpaß der Halbinsel Cotentin, der entstanden ist durch das Sumpfgebiet von Gorges im Osten und die Mündung der Ay im Westen. Das Dorf liegt in der Nähe der weiten »Lande de Lessay«, die Barbey d'Aurevilly in »Die Verzauberte – L'Ensorcelée« besungen hat. Diese Landschaft ist jedoch bestrebt, ihre Trostlosigkeit zu verlieren. Lessay hat eine schöne romanische Kirche, die, nachdem sie im Jahre 1944 gesprengt worden war, vorbildlich restauriert wurde.

In der Gründungsurkunde des Klosters erscheint der Name »Exaquium (dem Wasser abgewonnen)«, aus dem dann L'Exay und später Lessay wurde. Im 11. Jahrhundert wurde die Abtei für die von Bec gekommenen Benediktinermönche durch Richard Turstin Haldup, den Herrscher von La Haye-du-Puits, gegründet. Diese Abtei »de la Trinité« übte großen Einfluß auf den Cotentin und sogar auf England aus.

Die Abteikirche ist auch Pfarrkirche. Sie ist von äußerster Nüchternheit und entfaltet harmonisch und unerbittlich ihre ursprünglichen romanischen Formen. Schiefer aus La Hague bedeckt die Dächer und den viereckigen Turm aus dem 12. Jahrhundert.

Diese Gleichmäßigkeit und diese Einfachheit finden sich im Innern wieder, wo der benediktinische Plan strikt eingehalten wurde. Die Apsis, der Chorraum und das Querschiff stammen aus dem 11. Jahrhundert, das Kirchenschiff aus Ende des 11. und Anfang des 12. Jahrhunderts. Hier findet man das erste Kreuzrippengewölbe der Normandie. Rund um das Bauwerk verläuft eine Galerie, so breit wie die Stärke der Mauern. Die modernen Fenster, inspiriert durch irische Handschriften, fördern durch das weiche Licht, das einfällt, die innere Sammlung.

In jedem Jahr findet Mitte September in der »Lande de Lessay« der Landwirtschaftsmarkt (de la Sainte-Croix) statt, ein Pferde- und Hundemarkt, verbunden mit einem bunten Volksfest, das typischste der Normandie. Man hört es »rumoren wie die Frühlings- oder Herbstflut« (Desdevises du Dezet, »Mon vieux Lessay – Mein altes Lessay«).

LISIEUX
(Département Calvados)

50 km östlich von Caen

Die grüne, reiche Hauptstadt des »Pays d'Auge« liegt im Tal der Touques, umgeben von Apfelbäumen. Diese alte Bischofsstadt ist ein belebtes Zentrum des Agrarhandels und mannigfaltiger Industrien. Sie ist auch ein beliebter Wallfahrtsort (Anfang Oktober).

Die kleine Thérèse Martin, die im Jahre 1873 in Alençon geboren wurde, verbrachte ihre Kindheit nach dem Tod ihrer Mutter in Lisieux, im Haus »Les Buissonnets«. Schon in ihrem neunten Lebensjahr hegte sie den Wunsch, in den Karmel einzutreten. Als sie fünfzehn Jahre alt war, bekam sie die Erlaubnis von Papst Leo XIII. Theresia starb im Alter von 24 Jahren, nachdem sie den Gipfel des Mystizismus und der Spiritualität erreicht hatte.

Während der Befreiung wurde die Stadt durch Brände verwüstet; sie haben das ganze Viertel mit den alten gotischen Häusern zerstört. Erinner-

Lisieux: *Die Basilika Sainte-Thérèse*

ungen hieran findet man im Heimatmuseum »Vieux-Lisieux«.

Die Kathedrale Saint-Pierre blieb verschont. Sie wurde im 12. und 13. Jahrhundert erbaut. Vor der Hauptfassade, die von zwei Türmen eingerahmt wird, hat sie eine hohe Freitreppe. Der rechte Turm wurde im 16. Jahrhundert im romanischen Stil wiederaufgebaut; der andere stammt aus dem 13. Jahrhundert. Er ist reich verziert. Das »Portail du Paradis – Portal des Paradieses« ermöglicht den Zugang zum Südflügel.

Der Innenraum spiegelt die Nüchternheit der ursprünglichen Gotik wider. Das Kirchenschiff erinnert an die Ile-de-France. Das Querschiff auf der Südseite ist mit Skulpturen und Fenstern aus dem 13. Jahrhundert versehen. In der Seitenkapelle, in der die heilige Theresia der Messe beiwohnte, befindet sich das Grab von Pierre Cauchon, der die Kirche, als er Bischof von Lisieux geworden war, umbauen ließ. Dieser Prälat hat übrigens auch für den Tod von Jeanne d'Arc gestimmt.

Das goldene Zimmer, »Chambre dorée«, des bischöflichen Palais, das an die Kathedrale angebaut ist, besitzt eine reich verzierte Kassettendecke.

Kurz nach der Heiligsprechung der Schwester Theresia vom Kinde Jesu (1925) wurde im Jahre 1929 mit dem Bau der großen Basilika Sainte-Thérèse begonnen. 1954 wurde sie geweiht. Die Architektur ist umstritten. Die Kirche ist von einer 95 Meter hohen Kuppel bedeckt. Die Innen- und Außenverzierung ist gewollt realistisch. In der Krypta, die mit Mosaiken verziert ist, finden viertausend Pilger Platz.

Eine Vorführung »Son et Lumière« im Sommer und ein Diorama-Schau in der Nähe des Karmels vervollständigen die Erinnerung an die Heilige.

In Crèvecoeur-en-Auge ist das Museum Schlumberger der Erdölforschung gewidmet; es erinnert auch an die Erfindungen der beiden Brüder, die Ingenieure waren.

Sie hatten einige Zeit in der alten Abtei du Val-Richer, die in einem nahen Tal liegt, gewohnt. Diese Abtei wurde im Jahre 1167 von einem Mönch aus Clairvaux gegründet. Das Zisterzienserkloster, das Thomas Bekket aufgenommen hatte, wurde im 17. Jahrhundert restauriert. François Guizot, Minister unter Louis Philippe, baute es in ein Schloß um. François Guizot verfaßte hier geschichtliche Werke, bevor er im Jahre 1874 starb.

Ganz in der Nähe steht das Schloß La Roque-Baignard aus dem 15. und 16. Jahrhundert, der ehemalige Besitz des Historikers Labbey de La Roque. Hier hielt sich André Gide häufig auf. In seinem Buch »L'Immoraliste« kommt er unter dem Namen La Morinière vor.

LYONS (Forêt de Lyons) (Département Eure)

20 km nordöstlich von Les Andelys

Der Staatsforst von Lyons, einer der schönsten Buchenhaine Frankreichs, besteht aus mehreren riesigen Baumgruppen; die Mehrzahl der Bäume ist höher als zwanzig Meter. Die Buche »Bunodière« kann sogar 42 Meter hoch werden.

Am Ufer des Fouillebroc sind von der großen Abteikirche der Zisterzienserabtei von Mortemer aus dem 12. Jahrhundert nur noch Ruinen zu sehen. In einer der Mauern wurde eine Grabnische – eine Art Bogennische – freigelegt. Von den Klostergebäuden ist nur noch die Mauer des Kapitelsaals zu sehen mit der darüberliegenden des Schlafsaals sowie der Pförtner-

Mondaye: *Die Abtei Saint-Martin*

Der Mont Saint-Michel: *Die Wandelhalle der Mönche*

wohnung und des Taubenschlags. Ein Haus aus der klassizistischen Epoche dient als Wohnung.

Mitten im großen Garten, in der Nähe des Zusammenflusses der Andelle und des Crevon, steht das Schloß de La Forestière in Vascoeuil. Hier schrieb Michelet einen Teil seiner »Geschichte von Frankreich«. Heute befindet sich hier ein internationales Kulturzentrum, in dem Ausstellungen stattfinden.

Das Dorf Ry am Crevon soll Flaubert inspiriert haben. Den Ort des Geschehens in »Madame Bovary« nennt er Yonville-l'Abbaye. Die Gestalt der Emma soll gewisse Eigenschaften von Delphine Couturier, der echten Frau des Arztes Delamare wiedergeben. In der Galerie Bovary zeichnen eine Reihe Automaten Szenen des bekannten Romans nach. Durch einen Portalvorbau mit Holzverzierungen aus der Renaissance gelangt man in die Kirche Saint-Sulpice (12. und 16. Jahrhundert).

Das vornehme Schloß von Martainville mit den großen Kaminen aus verzierten Backsteinen stammt aus der letzten Periode der Gotik. Hier ist das »Musée folklorique rural« der Haute-Normandie untergebracht.

MONDAYE
(Département Calvados)

Etwa 12 km südlich von Bayeux

Südlich von Bayeux bilden die Kirche und das noch genutzte Kloster von Mondaye einen klassischen Komplex von außergewöhnlicher Einheitlichkeit.

Die Prämonstratenser-Abtei Saint-Martin wurde im Jahre 1212 gegründet und 1706 bis 1743 von Pater Eustache Restout wiederaufgebaut. Er war ein Onkel des Malers, der die Kirche mit Bildern in harmonischen Proportionen

ausgeschmückt hat. Das riesige Gehäuse der Orgel von Parizot ist ein Werk des Bildhauers Melchior Verly ebenso wie die Terrakotta-Figuren mit der Darstellung der Himmelfahrt Mariens.

Für Kanada und Großbritannien wurde die Abtei zum geistigen Denkmal der Schlacht um die Normandie im Jahre 1944.

DER MONT SAINT-MICHEL (Département Manche)

22 km südwestlich von Avranches

Am entlegensten Ende der Bucht zwischen Cancale und Granville erhebt sich der Mont Saint-Michel, eine kleine Felseninsel von 900 Metern Durchmesser, die durch einen 1879 erbauten Damm mit der Küste verbunden ist. Als Wallfahrtszentrum, dessen tausendjähriges Bestehen 1966 gefeiert wurde, ist diese Abtei-Festung eine außergewöhnliche Zusammenfassung aller architektonischen Stilarten, die den Erfordernissen der Landschaft glänzend angepaßt wurden.

Der Mont Saint-Michel ist umgeben von riesigen Stränden mit grauem Schlick, dem Meeresschlamm, dessen sehr geringes Gefälle ein eindrucksvolles Phänomen verursacht, besonders bei den Tagundnachtgleichen.

Da der Tidenhub sehr groß ist, steigt die Flut äußerst schnell. Sie überrascht manchmal Fischer und Spaziergänger, die sich auf den Sandbänken verspätet haben. Diese Wasserschlünde sind »beweglich« und werden oft gefährlich; das ist der schleimige Treibsand. »Als die Flut näher an uns herankam, sah sie aus wie eine Kavallerietruppe, bestehend aus Schimmeln, die zum Galopp ansetzten . . .« (T. Gautier, »Ausflug zum Mont Saint-Michel« in Le Moniteur, April 1860). Eine zunehmende Versandung der Bucht, bedingt durch die Errichtung des Dammes und der Dränage, hat das Nahen der Flut bei gewöhnlichen Gezeiten aufgehalten. Auf den salzigen Wiesen, diesem fruchtbaren Boden, der dem Meer seit einem Jahrhundert abgewonnen wurde, weiden Schafe. Drei Flüsse münden in die Bucht: die Sée, die Sélune und der Couesnon, der die Grenze zwischen der Bretagne und der Normandie bildet.

◀ *Der Mont Saint-Michel und der Felsen »Tombelaine«, vom Flugzeug aus gesehen*

Der Mont Saint-Michel:
Der Kreuzgang der Merveille ▶

Der Couesnon hat eine Torheit begangen.
Das ist der Mont – der Berg in der Normandie.

Ursprünglich war der Mont Tombe, der künftige Mont Saint-Michel, ein etwa achtzig Meter hoher Felsen, der den ausgedehnten Wald von Scissy beherrschte, ebenso wie der Mont Tombelle (Tombelaine) und der Mont Dol. Schon zur Zeit der Merowinger lebten christliche Einsiedler in diesem Wald.

Diese erzählten, daß sie, als sie Hunger hatten, auf dem Mont ein großes Feuer anzündeten, dessen Rauch ein Priester aus Astériac (Beauvoir) alarmierte. Er belud seine Esel mit Vorräten; dieser ging dann alleine durch den Wald. Eines Tages wurde das arme Tier von einem Wolf verschlungen, aber eine unsichtbare Kraft zwang diesen, die Lebensmittel zum Mont Tombe zu bringen. Danach wurde der Wolf von Astériac ein treuer »Botengänger«.

Im Jahre 709 verschlang eine Flutwelle den Wald und isolierte den Mont. Im gleichen Jahr erschien der Erzengel Michael dreimal dem Bischof von Avranches, Aubert, und befahl ihm den Bau einer Kapelle. Wegen Auberts Ungläubigkeit soll der Erzengel seinen Finger in die Stirne des Heiligen eingeprägt haben.

Die Verehrung des heiligen Michael, des Patrons der Normandie, hatte ihren Ursprung im Orient. Da er mehrere Male in Italien, auf dem Monte Gargano und in Rom (Engelsburg), erschienen war, wurde er in doppelter Funktion, als Krieger und damit als Anführer der himmlischen Heerscharen und als Verfechter und Waagemeister der Seelen verehrt. Ihm zu Ehren erbaute Aubert eine Kirche an der Stelle, an der die Wunder geschehen waren: ein gestohlener Stier wurde auf dem Gipfel des Mont wiedergefunden und der Morgentau hatte die Stelle ausgespart, auf der das Bauwerk errichtet werden sollte. Aubert brachte hier einige Mönche unter. Er ließ aus Italien heilige Reliquien kommen. Den Mont weihte er dem heiligen Michael.

Es liegt auf der Hand, daß die Mönche, wenn sie der Menschenmasse und den Freuden entkommen wollten, sich häufig auf die einsamen Inseln oder auf die Gipfel von Bergen begaben. (»Exhausser, exaucer sont le même mot – Erhöhen, erhören sind das gleiche Wort . . .« sagte Paul Valéry.)

Der Mont Saint-Michel-au-péril-de-la-Mer, inmitten der Gefahren des Meeres, wurde rasch ein von Wallfahrern – auch »miquelots« genannt – viel besuchter Ort. Vom Jahre 840 an bedrohten normannische Invasionen die Küsten und man suchte Schutz bei den Mönchen. Daher kam es zu der Gründung einer Ortschaft. Im Jahre 965 ersetzte der Herzog der Normandie, Richard I., die Mönche durch Benediktiner aus der Abtei von Fontenelle. Sie standen unter der Leitung von Mainard. Die Abtei wurde gegründet. Ihre Keimzelle war die Kirche Notre-Dame-sous-Terre. Am Beginn des 11. Jahrhunderts beschloß Richard II. mit Hilfe des lombardischen Mönchs Guillaume de Volpiano (vgl. Fécamp) den Bau des romanischen Klosters.

Parallel zur intellektuellen Entfaltung der Abtei verlief die Erweiterung ihres materiellen Besitzes. Wilhelm der Eroberer gewährte ihr sogar Lehnsgüter in England. Diese Schätze stammten aus Schenkungen von Pilgern, Wohltätern und Gönnern. Schon sehr früh kamen erlauchte Persönlichkeiten hierher, um die Hilfe des Erzengels zu erflehen. Als Richard II. Judith de Bretagne heiratete, schenkte er aus diesem Anlaß der Abtei ein großes Vermögen.

Im 12. Jahrhundert war der Wohlstand der Abtei am größten, ebenso ihre religiöse und kulturelle Ausstrahlung. Heinrich II. Plantagenet, ein mächtiger Herrscher des Abendlandes, machte den Abt des Mont Saint-Michel, Robert de Torigni, zu seinem Berater. Er war ein Mann mit Geschmack und ein geschickter Verwalter. Eine große Bibliothek mit ausgeschmückten Handschriften richtete er ein, eine wahre »Stadt der Bücher«, wo Guillaume de Saint-Pair seinen »Roman du Mont Saint-Michel« schrieb.

Im Jahre 1204 setzte ein Verbündeter von Philipp Augustus einen Teil des Mont in Brand, um ihn so den Herzögen der Normandie wegnehmen zu können. Mit der Entschädigung, die der König von Frankreich gewährte, begann Abt Raoul die Errichtung der »Merveille«, dieses Meisterwerk der gotischen Architektur, das Richard Turstin fortführte. Das Leben der Mönche war geprägt von den Prozessionen und den großen Feierlichkeiten, die aus Anlaß des Besuchs der Könige von Frankreich stattfanden. Vom 14. bis zum 18. Jahrhundert fanden Wallfahrten von Kindern statt, die aus allen Teilen Europas kamen. Sie wurden die »Marches des Pastoureaux – Wanderungen der jungen Hirten« genannt. Diese jungen Leute verließen ihre Familien und ihr Land, wanderten oft monatelang, um in einer Prozession dem heiligen Michael ihre Fahnen darzubringen.

Zu Beginn des 14. Jahrhunderts bedrohte der Krieg die Abtei; so begann man, über ihre Befestigung nachzudenken. Pierre Le Roi errichtete das »Châtelet« und die Schießscharten und beendete die Wohnung des Abtes. Nach der Niederlage von Azincourt im Jahre 1415 nahmen die Engländer die Normandie wieder ein. Aber trotz des Verrats ihres Superiors, Robert Jolivet, hielten die Mönche allen Angriffen stand, die der Kapitän Louis d'Estouteville anführte. Das war lange Zeit der einzige Erfolg, den die Franzosen errangen. Die Verehrung des heiligen Michael (zu der Jeanne d'Arc ermutigte) wurde dadurch noch verstärkt.

Im Jahre 1469 gründete Ludwig XI. den Orden der Ritter des Heiligen Michael. Dieser Herrscher ließ auf dem Mont eine seiner berüchtigten »fillettes« einrichten, das war ein Käfig aus Holz und Eisen, der am Gipfel des Berges aufgehängt wurde. In ihm wurden Gefangene eingesperrt. Sie schaukelten in eisiger Einsamkeit über einem Abgrund. Im 16. Jahrhundert, während der Religionskriege, wurde die Abtei mehrfach belagert.

Die religiösen Sitten hatten sich nach und nach gelockert, vor allem seit der widerrechtlichen Ordnung der Kommende, die es einem nicht residierenden Abt erlaubte, die Einkünfte des Klosters einzukassieren. Im Jahre 1622 kamen reformierte Benediktiner der Kongregation von Saint-Maur auf den Mont Saint-Michel; sie blieben bis zur Revolution.

Dann wurde die Abtei endgültig in ein Gefängnis umfunktioniert. Man schickte Strafgefangene und einige politische Gefangene hierher, die unter schrecklichen hygienischen Bedingungen hier lebten. Unter dem Konvent hieß der Mont paradoxerweise »Mont Libre – Freier Berg«. Zahlreiche Persönlichkeiten wie Victor Hugo, François Chateaubriand, Eugène Viollet-le-Duc lehnten sich gegen diese Praxis auf, die bis zum Jahre 1863 andauerte; zu diesem Zeitpunkt wurde sie von Napoleon III. beendet.

Im Jahre 1874 begann der Denkmalschutz mit der Restaurierung dieser Stätten. Zur Zeit leben wieder einige Mönche in der Abtei. Sie wollen so anknüpfen an die ursprünglichen Auf-

Der Mont Saint-Michel:
Der Rittersaal ▶

gaben der heiligen Stätte, Ort des Gebets und der Hingabe zu sein.

Das Fest des heiligen Michael wird jedes Jahr (an dem Sonntag um den 29. September) durch eine besondere Wallfahrt gefeiert; auch im Mai wird er verehrt.

Wenn der Reisende zum Mont Saint-Michel kommt, ist er überrascht über die Originalität dieses bedeutenden Bauwerks, das harmonisch drei Anforderungen gerecht wird: dem Gebet, denn die Abtei ist vor allem das Haus Gottes, der Betreuung und der Gastfreundschaft gegenüber den Pilgern, der Verteidigung, denn die militärische Rolle, bedingt durch die Insel-Lage, kam zur religiösen Situation hinzu.

Durch die »Porte de l'Avancée« aus dem Jahre 1530, links neben dem »Tour de l'Arcade« und dem »Tour du Roi«, gelangt man in den Innenbereich der Ringmauer. Im ersten Hof befinden sich zwei Bombarden, auch »Michelettes« genannt, die den Engländern geraubt wurden. Der zweite Hof, dort wo das »Hôtel de la Mère Poulard« steht, das bekannt ist wegen seiner Omeletts – das schaumige Eigelb wird mit Calvados und Eischnee vermischt – führt zur »Porte du Roi«, über der sich das »Logis du Roi« befindet. Vor diesem Tor, das zu Beginn des 15. Jahrhunderts von Jolivet erbaut wurde, war früher ein Graben mit einer Hängebrücke. Das Wappenschild von Frankreich neben dem Wappen der Abtei erinnert an die Treue des Klosters gegenüber dem König.

Die einzige Straße des Dorfes, die Grande Rue, schlängelt sich bis zur Abtei hinauf, eingesäumt von alten Häusern. Die Andenkengeschäfte existierten schon zur Zeit der großen Wallfahrten, wo die Verkaufsstände in Hülle und Fülle Muscheln und Heiligenbilder anboten. In der Nähe des Hauses von Tiphaine Raguenel, der Gemahlin von Du Guesclin, steht die Pfarrkirche. Sie wurde ganz umgebaut. Hier befinden sich Statuen der heiligen Anna und der Gottesmutter aus dem 15. Jahrhundert.

Die riesige Treppe oder »Grand Degré Extérieur« führt zum Eingang des Klosters, das durch das »Châtelet«, das von zwei Türmen eingerahmt wird und 1393 fertiggestellt wurde, verteidigt wird. Die verschiedenen Gebäude wurden zwischen dem 11. und dem 16. Jahrhundert errichtet. Der romanische Bau steht auf dem Gipfel des Felsens, auf den Überresten der karolingischen Kirche. Die romanischen Klostergebäude wurden im Norden gebaut; der Eingang der Abtei lag lange Zeit im Nordwesten. Zur Zeit der Gotik wurden neue Gebäude für die Mönche – die »Merveille« – hinzugefügt. Die Wohnung des Abtes war auf der anderen Seite, im Süden und Südwesten. So entstand ein wahres Labyrinth, in dem aber der Wechsel in den Etagen und in den Jahrhunderten konstant ist.

Die Treppe du Gouffre – »Escalier du Gouffre« – führt zum Wächtersaal aus dem 13. Jahrhundert. Er besitzt

Der Mont Saint-Michel: *Vom Süden aus gesehen*

ein Gewölbe und einen großen Kamin aus dem 15. Jahrhundert. Hier hinterlegten die Pilger ihre Waffen. Darüber hatten die Äbte den »Salle de Belle-Chaise« eingerichtet, der seinen Namen dem Thron verdankt, auf dem der Abt saß, wenn er Recht sprach.

Der »Grand Degré Intérieur – die Große Innentreppe« – führt über den Felsen, der von zwei Stegen überquert wird, die die Wohnung des Abtes mit der Kirche verbinden. Die Treppe mündet am Saut Gautier, einer Plattform, von der aus sich ein Gefangener in den Abgrund stürzte.

Vom Schiff der im 11. Jahrhundert erbauten Abteikirche wurden im 18. Jahrhundert drei Joche entfernt. Die Ordensleute von Saint-Maur bauten eine klassizistische Vorderfront zum »Plomb du Four« hin (man hat

Ô: Das Schloß

die Fundamente von zwei romanischen Türmen freigelegt, die früher die Vorderseite einrahmten wie in Jumièges). Der durch einen Blitzschlag zerstörte Glockenturm wurde im 19. Jahrhundert durch eine kunstvoll ausgearbeitete Spitze ersetzt, auf der eine Statue des heiligen Michael von Frémiet steht.

Der Innenraum der Kirche verdeutlicht den Kontrast zwischen dem romanischen Kirchenschiff mit den strengen Gliederungen und einer nüchternen Ausschmückung, wo das Holz des Tonnengewölbes sich mit dem farbigen Granit der Säulen und der Tribünen verbindet, und dem spätgotischen Chorraum mit dem Kapellenkranz, ein Modell für Leichtigkeit und Formschönheit. Ein fein ausgearbeitetes Triforium verläuft über den schlanken Bogen.

Auf der mittleren Ebene war der Wandelgang der Mönche mit dem auf der doppelten Säulengalerie ruhenden Spitzbogengewölbe, der ehemalige Kreuzgang. Der Schlafsaal befand sich in der heutigen Sakristei. Auf der unteren Ebene diente die Krypta »de l'Aquilon« mit den mächtigen, schlicht verzierten Säulen als »Aumônerie (Raum des Almosenpflegers)« für die Pilger des 12. Jahrhunderts. Zu jener Zeit befand sich der Eingang zur Abtei im Nordwesten.

Die Kirche wurde über mehreren alten Krypten erbaut. Im Westen befinden sich die Überreste der vor-1 romanischen Kirche Notre-Dame- sous-Terre, die aus zwei Kirchenschiffen besteht. Auf der Südseite steht die Kapelle Saint-Etienne aus dem 12. Jahrhundert. Da sie in der Nähe des von Robert de Torigni erbauten Kerkers lag, diente sie als Beinhaus. Ein riesiges Holzrad wurde im 19. Jahrhundert als Lastwinde benutzt.

Unter dem südlichen Querhaus befindet sich die Krypta Saint-Martin aus dem 11. Jahrhundert mit einem Tonnengewölbe; sie diente als Zisterne. Die »Krypta des Trente-Cierges – der dreißig Kerzen« liegt unter dem nördlichen Querhaus. Die »Krypta des Gros Piliers – der Dicken Pfeiler« befindet sich zweifellos an der Stelle, an der die ehemalige romanische Krypta stand, nämlich unter dem Chorraum. Sie trägt die Last des gotischen Bauwerks dank der fünf Meter dicken Pfeiler.

Die um das Jahr 1521 vollendete Kirche zeigt eine üppige Pflanzen-Verzierung, bei der sich die Sorgen der Architekten mit denen des Bildhauers treffen. Eine Treppe »aus Spitze« – »Escalier de Dentelle« bahnt sich einen Weg zwischen den Fialen und den durchbrochenen Strebepfeilern.

Zwischen 1211 und 1228 wurde auf der Nordseite die »Merveille« erbaut, dieses beachtenswerte Zeugnis religiöser, gotischer Architektur, das die schon vorher bestehenden Bauten einschloß und, wie das ursprüngliche Kloster, aus drei Ebenen besteht.

Auf der obersten Etage ermöglichte der von Raoul de Villedieu erbaute Kreuzgang den Mönchen, vor einer überwältigenden Landschaft zu meditieren. Eine Doppelreihe gegeneinander versetzter kleiner Säulen stützt die Arkaden mit den Eckzwickeln, die mit Pflanzenmotiven und Menschenköpfen verziert sind. Im Westen sollte der Kreuzgang Zugang zum Kapitelsaal haben, der nicht gebaut worden ist.

Dank Raoul des Iles wurde das Refektorium mit dicken Mauern versehen, die das Tonnengewölbe aus Holz tragen. In den Wänden sind schmale Öffnungen, die die Helligkeit dieses großen Saales gewährleisten, ohne seine Stabilität zu beeinträchtigen. Von der Kanzel aus las ein Mönch heilige Texte während der Mahlzeiten, die schweigend eingenommen wurden.

Unter dem Refektorium befand sich der Gästesaal, in dem der Abt seine reichen Besucher empfing. Es war ein vornehmer Empfangssaal mit abgerundeten Mauern. Schlanke Säulen unterteilten ihn in zwei Schiffe. Ein riesiger Kamin mit zwei Feuerstellen ermöglichte die Zubereitung der Mahlzeiten für die Mönche und das Warmhalten der Speisen der Pilger. Der Rittersaal wurde nach dem Orden, den Ludwig XI. gegründet hatte, benannt. Das war die Wärmstube und das »scriptorium«, der Schreibsaal der Mönche, ein Ort der Arbeit. Die vier Schiffe werden von Pfeilern mit sorgfältig verzierten Kapitellen getragen.

Eine Wendeltreppe führt in den Keller auf der unteren Etage; hier wurden die Vorräte aufbewahrt. Unter dem Gästesaal befindet sich die Aumônerie, die Abt Jourdain gebaut hat, eine provisorische Unterkunft für arme Pilger. Dieser große Saal mit den zwei Schiffen und dem Kreuzgratgewölbe stammt aus dem Beginn des 13. Jahrhunderts. Hier sind verkleinerte Modelle ausgestellt, die die verschiedenen Bauabschnitte der Abtei wiedergeben.

Der Grand Degré Extérieur wird beherrscht von dem »Tour Claudine«. Dieser Turm ist auch Ausgangspunkt für einen Spaziergang auf den Befestigungsanlagen aus dem 13., 14. und 15. Jahrhundert, die den Mont Saint-Michel unbezwingbar gemacht haben. Über die »Terrasse de la Gire« gelangt man zu dem Rundgang, der herrliche Ausblicke auf die Bucht und die Südseite des Mont ermöglicht. Auf der Nordseite befindet sich ein kleiner Wald, an dessen Fuß die Quelle Saint-Auber sprudelt und etwas mehr zum Westen die Kapelle Saint-Auber, die auf einem Felsen über dem Strand errichtet wurde.

Es ist besser, sich nicht alleine auf den Sand zu begeben wie diese unbesonnene schwangere Frau, die aus lauter Angst vor der nahenden Flut ihr Kind zur Welt brachte. Glücklicherweise griff der heilige Michael ein, und die Flut verschonte die junge Mutter, deren Kind Péril – große Gefahr – genannt wurde.

Rouen: *Die Abteikirche Saint-Ouen, ein Meisterwerk der Gotik*

In der Ferne, auf der kleinen Insel Tombelaine, stand im 12. Jahrhundert ein Priorat, das unter Ludwig XIV. in ein Schloß für den Intendanten Fouquet umgebaut und später zerstört wurde. Es war der Ort der großen Liebe des Ritters Montgomery zu Hélène de Terregatte. Als diese erfuhr, daß ihr Geliebter im Krieg gefallen ist, brach sie tot auf dem Strand zusammen und wurde dort begraben. Es war also »Tomba Helenae«. Davon ist wahrscheinlich der Name der Insel abgeleitet worden.

MORTAIN
(Département Manche)

25 km südlich von Vire

Die Stadt Mortain, ehemalige Festung des Grafen Robert, Bruder von Wilhelm dem Eroberer, klammert sich fest an einen Felsvorsprung über der Cance-Schlucht am Ende der normannischen Schweiz. Mortain wurde 1944 bei den Gegenangrifen der deutschen Truppen sehr zerstört. Sie hatten zwischen Falaise und Mortain einen

Servez vous

Durchbruch erzielen können. Nach heftigen Kämpfen wurden sie wieder zurückgeworfen.

Die »Abbaye Blanche« wurde zu Beginn des 12. Jahrhunderts gegründet. Sehr rasch schloß sie sich der Abtei von Citeaux an. Die »Abbaye Blanche« war der Heiligen Dreifaltigkeit geweiht. Sie unterwarf sich der Reform des heiligen Vital, der den Komfort der schwarz gekleideten Benediktiner ablehnte. Die Mönche trugen also von nun an ein weißes Habit. Daher kommt auch der Name der Abtei. Die Patres vom Heiligen Geist, die heute hier leben, haben ein Missionsmuseum eröffnet.

Die Kirche aus dem Ende des 12. Jahrhunderts mit der nüchternen Apsis und den Kapellen in den Kreuzarmen ist nach dem reinen zisterziensischen Plan erbaut worden, der auch beim später errichteten Kapitelsaal zum Tragen kam. Zwei Galerien des romanischen Kreuzgangs mit nüchternen kleinen Granitsäulen sind erhalten geblieben, ebenso wie der Speisesaal der Laienschwestern und ein Keller aus dem 11. Jahrhundert, die beide mit einem Kreuzgratgewölbe versehen sind.

Die Stiftskirche Saint-Evroult blieb von den Bombardements verschont. Sie wurde im 13. Jahrhundert wiederaufgebaut; eine Besonderheit ist das fehlende Querschiff. Die vordere Giebelwand ist durch den Glockenturm verstärkt.

Die Schatzkammer birgt ein sehr seltenes Hostienkästchen aus dem 7. Jahrhundert, anglo-irischen Ursprungs mit runischen Inschriften, genannt »Das Chrismale«.

Der Lauf der Cance in unterschiedlicher Höhenlage führt zu malerischen kleinen Wasserfällen. Von der »Petite Chapelle« aus hat man eine weite Sicht, bei klarem Wetter bis zum Mont Saint-Michel.

Die Sée entspringt nicht weit entfernt von Mortain. Im oberen Tal paßt sich der Flußlauf den Krümmungen des Felsens an.

O (DAS CHATEAU D'O)
(Département Orne)

Etwa 10 km südöstlich von Argentan

In der Nähe von Mortrée spiegelt sich die Silhouette des »Château d'O – des Schlosses von O« – in den breiten Wassergräben wider, die es umgeben. Es wurde im 15. Jahrhundert begonnen und bis zum 18. Jahrhundert mehrere Male umgebaut. Hier lebte François d'O, Oberintendant der Finanzen und Günstling Heinrichs III., der Ärgernis erregte durch sein verschwenderisches, pompöses Leben, auf Kosten des Staates, wie man erzählte.

Das Eingangsportal, am ältesten Schloßflügel, ist verbunden mit Pavillons und kleinen Türmchen, versehen mit hohen Dächern und schachbrettartig aus Steinen und Backsteinen gebaut. Spätgotische Elemente grenzen an die ersten, von Italien inspirierten Verzierungen an einem Dachfenster. Eine Renaissance-Galerie, die zum Hof hin offen und sehr sorgfältig ausgeschmückt ist, stößt an das Hauptgebäude aus dem Jahre 1770.

OUISTREHAM – RIVA-BELLA
(Département Calvados)

14 km nordöstlich von Caen

Internationales Jachtsport-Zentrum an der Mündung der Orne und des von Caen kommenden Kanals, so verbindet der Fischereihafen von Ouistreham sein Jachtbecken mit dem großen Sandstrand von Riva-Bella, um ein viel besuchtes Seebad zu bilden.

Die Kirche, die früher befestigt war und nach der Befreiung restauriert wurde, verbindet den romanischen Stil ihrer Vorderfront mit einem Kirchenschiff ohne Querschiff und einem gotischen Chorraum, charakteristisch für die normannische Schule.

An dem Strand von Riva-Bella (Sword), wo das Meer um drei Kilometer zurückgeht, sind am 6. Juni 1944 die britischen Truppen unter Kommandant Kieffer gelandet: sie schlossen sich den Fallschirmjägern an, die die Kontrolle der Brücke von Bénouville - mit dem Beinamen »Pegasus Bridge« (die doppelte Brücke über den Kanal und die Orne) – übernommen hatten.

Das Schloß von Bénouville, ein wichtiges neoklassizistisches Werk von Nicolas Ledoux aus dem 18. Jahrhundert, wirkt beeindruckend durch seine vier Etagen und seinen Säulenumgang mit den ionischen Säulen zum Hof hin.

ROUEN
(Département Seine-Maritime)

139 km nordwestlich von Paris und 86 km östlich von Le Havre

Die »Museenstadt« Rouen, die Hauptstadt der Haute-Normandie (d. h. der östlichen Normandie) und des Départements Seine-Maritime, der viertgrößte Hafen Frankreichs, auf halber Strecke zwischen Paris und dem Meer, hat zahlreiche Schätze ihrer glänzenden Vergangenheit bewahrt und sich dennoch der Zukunft zugewandt. Die Stadt mit den hundert Türmen zieht viele Touristen an, vor allem in ihrem alten Stadtteil an dem rechten Seine-Ufer. Die Stadt bekam jedoch im vergangenen Jahrhundert ein neues Gesicht durch die großen Verkehrsachsen und die industrielle Entwicklung. Der Wiederaufbau der Zerstörungen nach dem Krieg von 1940 bis 1945 und das wirtschaftliche Wachstum in dieser Region haben den Ausbau einer neuen Stadt am linken Seine-Ufer begünstigt; so entstand ein großes Ballungszentrum in Rouen mit mehr als fünfhunderttausend Einwohnern.

Die besonders günstige Lage zwischen den Tälern des Cailly und des Robec an einer Seineschleife, wo kleine Inseln ein Überqueren erleichtern, hat schon den gallischen Stamm der »Veliocasses« angezogen – daher kommt auch der Name des Vexin. Aus Ratumacos (»Ort des Wechsels«) wurde unter den Römern »Rotomagus«. Schon im Jahre 260 hatte Rouen den ersten Bischof mit Namen Mellon.

Die Stadt wurde Verwaltungszentrum für ein großes Gebiet. Hier hielten sich die Merowinger-Könige auf, die in den benachbarten Wäldern zur Jagd gingen. Es ist der Mittelpunkt einer Gegend, die das Mönchstum erobert hat, dazu im 7. Jahrhundert ermutigt durch die Bischöfe, den heiligen Roman (Patron der Stadt) und den heiligen Audoenus (Saint Ouen). Die Stadt blühte auf bis zum Eindringen der Normannen.

Nach dem Vertrag von Saint-Clair-sur-Epte im Jahre 911 und der Konzession der Normandie an den Anführer der Wikinger durch den König von Frankreich entschloß sich Rollo, sich in Rouen niederzulassen. Die Stadt wurde für mehr als tausend Jahre die politische, administrative und religiöse Hauptstadt des Herzogtums und gleichzeitig ein großes Handelszentrum.

Dem Wohlstand, den die Herzöge und die Könige von England erworben hatten, folgten die Katastrophen des Hundertjährigen Krieges. Im Jahre 1418 mußte die Stadt kapitulieren, nach einer langen und grausamen Belagerung, in deren Verlauf die Engländer die Einwohner aushungerten.

◀ Rouen: *Der Renaissance-Pavillon mit der »Gros-Horloge«*

Rouen: *Der Justizpalast oder die Übertreibung der Spätgotik*

Nach dem schrecklichen Prozeß gegen Jeanne d'Arc, die aus Treue zum König von Frankreich den Widerstand organisiert hatte und am 30. Mai 1431 auf dem Place du Vieux-Marché lebendig verbrannt wurde, fand die endgültige Eroberung durch Karl VII. erst im Jahre 1449 statt.

Eine neue Ära, die des »goldenen Jahrhunderts«, ist mit den Aktivitäten des Hafens und des Handels der Stadt sowie mit dem Einfluß von Kardinal Georges I. d'Amboise verbunden. Dieser Minister unter Ludwig XII. brachte zum ersten Male Elemente der italienischen Renaissance nach Rouen. Diese Ära dauerte bis zu den Religionskriegen, Ursache erneuter unruhiger Zeiten (angesichts der Bedeutung der protestantischen Gemeinschaft).

Die Fronde (Bewegung in Frankreich gegen den Absolutismus), die Epidemien, die Aufhebung des Edikts

von Nantes im Jahre 1685, die die Abwanderung der Künstler und Händler auslöste, waren schwere Schicksale für die Stadt.

Das Leben begann wieder im 18. Jahrhundert mit der Entwicklung der Textilindustrie – die »rouenneries« (Fabrikation von farbiger Baumwolle), bedrucktes Baumwollgewebe, ersetzten den gemusterten, kattunähnlichen Baumwollstoff – Fayencen mit kunstvollen Verzierungen – der Erlaß gegen den Luxus zwang die Privatleute, ihr Tafelsilber einschmelzen zu lassen. So bestellten sie dann Porzellangeschirr. Im 19. Jahrhundert wurde das Hafengelände angelegt, das vor kurzem modernisiert wurde.

Die schlimmsten Schäden entstanden während des letzten Krieges, von dem vor allem das alte Stadtviertel besonders stark betroffen war. Es mußte sorgfältig restauriert und erschlossen werden. Zeitgenössische Bauwerke wetteifern im Bezug auf die Größe und die Gestaltung mit den großen geschichtsträchtigen Bauten. So stellen sie eine Verbindung her zwischen dem Alten und dem Modernen.

Rouen ist vor allem eine Hafenstadt, ein See- und ein Binnenhafen, dessen natürlicher Absatzmarkt Paris ist. Diese außergewöhnliche Lage als Außenhafen der Hauptstadt wird durch zahlreiche Anlagen verstärkt (Lagerhallen, Raffinerien, Fabriken, Lagerhäuser), die sich nebeneinander entlang der Quais befinden, um die großen Schiffe anlegen zu lassen und den Warenverkehr zu gewährleisten. Hierbei geht es vor allem um Holz, Erdöl, Getreide, Zitrusfrüchte, Wein und Erz. An den Ufern des Flusses liegen Unternehmen der Metallindustrie, der Petrochemie und der Textilindustrie. Außerdem gibt es hier noch die Baumwollindustrie, die älteste Industrie in Rouen und Fabriken zur Herstellung von Zeitungspapier und Schiffswerften.

Feinschmecker kommen auch auf ihre Kosten: Spezialitäten aus Äpfeln und Zucker, wie Äpfel oder Birnen im Schlafrock. Die Gastronomie von Rouen ist berühmt durch Gerichte wie »Canard au Sang« (Ente), bei denen Sahne und Calvados verwendet werden.

Schon sehr früh entfaltete sich in diesem regionalen Zentrum eine große literarische und künstlerische Aktivität. Rouen war die Heimat zahlreicher berühmter Persönlichkeiten. Zu ihnen gehören der Dichter Marc-Antoine Saint-Amant (17. Jahrhundert), die Schauspielerin Marie Champmeslé (1642–1698), die Schriftsteller Pierre Corneille und sein Bruder Thomas, Jacques Pradou (der Rivale von Jean Racine), Bernard Fontenelle, Jean Villemessant, Gustave Flaubert (dessen Vater Chef-Chirurg im Zentralkrankenhaus war), Maurice Leblanc (der Erfinder der Romanfigur Arsène Lupin), Armand Salacrou, die Maler Jean Restout und Théodore Géricault, der Architekt Jacques François Blondel, die Komponisten François Adrien Boïeldieu und Marcel Dupré.

Die Kathedrale Notre-Dame, ein Bauwerk von überwältigenden Ausmaßen, zeigt die Entwicklung der Gotik. Sie strahlt eine große Harmonie aus, trotz der Verstümmelungen, die ihr zugefügt wurden, und der fehlenden Stileinheit (die Vorderseite wurde durch die Gemälde von Claude Monet verewigt). Nach den Bombenangriffen im Jahre 1944 wurde die Kathedrale restauriert. Durch ihre Architektur und die reichen Verzierungen zählt sie zu den schönsten Kirchen Frankreichs.

Die erste Kathedrale wurde von dem heiligen Victrice am Ende des vierten Jahrhunderts erbaut. Ihr folgte ein romanisches Bauwerk, von dem nur noch eine Krypta unter dem Chorraum erhalten geblieben ist. Sie wurde im Jahre 1063 in Anwesenheit von Herzog Guillaume geweiht. Im 12. Jahrhundert wurde ein neuer Bau in Angriff genommen, der »Tour Saint-Romain« im Jahre 1145, die Vorderfront um 1170, das Kirchenschiff ab 1185. Danach folgten der Chorraum und das Querschiff, die nach dem Brand im Jahre 1200 erst 1247 beendet wurden. Im 14. und 15. Jahrhundert fanden Umbauten und Ergänzungen statt, wie der »Tour de Beurre«. Aus dem 16. Jahrhundert stammen das Hauptportal und die Grabmäler in der Marienkapelle.

Die ersten Anzeichen der Spätgotik findet man in dem von England beeinflußten Aufbau der Hauptfassade mit den zahllosen Türmchen, die eingerahmt wird von zwei völlig unterschiedlichen Türmen: dem »Tour Saint-Romain«, dessen unterer Teil gotisch ist (12. Jahrhundert) und dem »Tour de Beurre« (den Guillaume Pontifs im 15. Jahrhundert begonnen hat, und der im 16. Jahrhundert beendet wurde) im üppigen Flamboyant-Stil. Diesen Turm finanzierten die Einnahmen, die durch die Verbotsaufhebung des Butterverzehrs in der Fastenzeit erzielt wurden. Dieser Turm besitzt ein Glockenspiel mit sechsundfünfzig Glocken.

Zwischen den zwei mit Skulpturen versehenen seitlichen Portalen befindet sich das Mittelportal, ein Werk von Roulland le Roux aus dem 16. Jahrhundert. Es ist verziert mit der Wurzel Jesse und zahlreichen großen und kleinen Statuen, überragt von einem hohen Ziergiebel, über dem sich

Rouen: *Fenster in der Kathedrale mit der Passion Christi*

die zentrale Rosette entfaltet.

An den zwei Seitenportalen, die wahrscheinlich aus der Zeit zwischen 1280 und 1340 stammen, ist der Tympanon mit den kleinen Figuren und den phantasievollen Flachreliefs erhalten geblieben. Das Südportal, das »Portail de la Calende«, von Türmen flankiert, ist mit dem Nordportal, dem »Portail des Libraires«, vergleichbar. Letzteres bekam diesen Namen, weil sich in dem Hof gleichen Namens viele kleine Buchläden befanden. Die phantasievolle Ausschmückung ist überraschend. In der Vierung erhebt sich der 151 Meter hohe, umgebaute Laternenturm aus dem 13. Jahrhundert (davon sind 51 Meter unter dem Gewölbe).

Das mächtige, vier Etagen hohe Kirchenschiff wurde im schlichten frühgotischen Stil erbaut, wobei man auf die ehemals geplanten Tribünen verzichtete. Die Seitenschiffe setzen sich im Querschiff fort durch eine reich verzierte Giebelwand. Die Treppe »de la Librairie« im Norden war das Werk von Guillaume Pontifs. Im Chorraum aus dem 13. Jahrhundert, unter dem die romanische Krypta freigelegt wurde, verbinden sich Einfachheit und Reinheit der Linien. Die Fenster des Chorumgangs (das des heiligen Johannes, des Hospitaliters, hat Flaubert inspiriert) stammen auch aus dem 13. Jahrhundert. In der Marienkapelle, direkt hinter dem Hauptaltar, befinden sich die berühmten Grabmäler der Kardinäle von Amboise, Georges I. und Georges II., Meisterwerke der frühen Renaissance (Beginn 18. Jahrhundert) mit Skulpturen von Roulland le Roux und das etwas spätere Grabmal von Louis de Brézé, des Gemahls von Diane de Poitiers, sowie ein Gemälde von Philippe de Champaigne.

Die Kirche Saint-Maclou (oder Malo) ist ein sehr einheitliches Bauwerk im Flamboyant-Stil (15. und 16. Jahrhundert), das während der Renaissance nach Plänen von Pierre Robin, mit der Unterstützung des Herzogs von Bedford, errichtet wurde. Sie besitzt einen Portalvorbau mit einem Ziergiebel vor drei Portalen, von denen zwei mit reich verzierten Renaissance-Flügeln versehen sind. Im Innern führt eine spätgotische Wendeltreppe, die aus einem Lettner stammt, zur Orgeltribüne, die mit Holztäfelungen aus der Zeit der Renaissance verziert ist.

Der »Aître de Saint-Maclou«, in der Nähe der Kirche, ist ein ungewöhnlicher Bau aus dem 16. Jahrhundert (erbaut nach einer Epidemie), eines der wenigen übriggebliebenen Massengräber des Mittelalters. Es sieht aus wie ein Kreuzgang, besteht aus Fachwerk-Galerien – die früher offen waren – mit Skulpturen verzierten Säulen, einer Darstellung des Totentanzes und anderer Grabmotive. Man schichtete die Skelette im ehemaligen Speicher übereinander. Heute befindet sich die »Ecole des Beaux-Arts«, die Kunstakademie, in diesen Gebäuden.

Die Kirche Saint-Ouen, die ehemalige Abteikirche aus dem 4. Jahrhundert, ist ein Musterbeispiel der gotischen Baukunst in Frankreich. Die Erinnerung an den heiligen Audoenus (französisch Ouen), den ehemaligen Offizier, der Bischof wurde, der unbestrittene Chef der normannischen Kirche im 7. Jahrhundert, war der Grund für die lange ausgeübte Macht dieses Klosters. Man erzählt, im Jahre 916 habe Herzog Rollo seine Reliquien von Condé nach Rouen bringen lassen. Er habe als Zeichen der Unterordnung und der Demut barfuß eine Prozession angeführt, die durch göttliche Macht nach einigen Meilen aufgehalten wurde. Alle Ländereien, die er durchquert hatte, verschenkte er zur Verehrung des Heiligen.

Mehrere Bauwerke wurden nacheinander errichtet. Eines aus dem 11. Jahrhundert, das den Benediktinern von einem Cousin von Wilhelm dem Eroberer übergeben worden war, fiel einem Brand zum Opfer. Nur noch eine romanische Chorkapelle und der »Tour aux Clercs« stammen aus dieser Zeit.

Das heutige Gebäude, das größer ist als die Kathedrale, wurde im Jahre 1318 von Abbé Marc d'Argent begonnen und bis zum 15. Jahrhundert fortgeführt. Außer der Hauptfassade aus dem 19. Jahrhundert ist der Aufbau eine große Einheit. Die Leichtigkeit der mit Fialen und Arkaden verzierten Apsis findet man auch im Hauptturm mit den zwei Etagen oder dem gekrönten Turm, der von einer Herzogskrone überragt wird. Im etwas vorspringenden Querschiff befindet sich die Vorhalle »des Marmousets« mit den hängenden Schlußsteinen. Auf kleinen Flachreliefs wird das Leben des heiligen Audeonus dargestellt. Eine Legende behauptet, die Rosen des Querschiffs seien Ursache eines Mords gewesen; der Schüler habe seinen eifersüchtigen Lehrmeister übertroffen. Es ist aber wahrscheinlicher, daß sie das Werk der Bernevals sind und zwar von Vater und Sohn.

Das Innere beeindruckt durch die harmonischen Proportionen sowie durch die Suche nach Helligkeit und die aufwärtsstrebenden Öffnungen. Der Chorraum aus dem 14. Jahrhundert erhielt ein mit Zwischenräumen versehenes Triforium, eine echte Neuerung. Am Ende des Kirchenschiffs aus dem 16. Jahrhundert befindet sich die Orgel von Cavallé-Coll. Die Klostergebäude aus dem 18. Jahrhundert sind der Sitz des Rathauses.

Bei den Profanbauten ist der Justizpalast sicherlich der hervorragendste durch seine überaus üppige Verzierung.

Dieses Übergangswerk zwischen Gotik und Renaissance (im Krieg von 1940 stark beschädigt) wurde am Beginn des 16. Jahrhunderts wahrscheinlich von Roulland le Roux für den Finanzverwalter, den »Echiquier« der Normandie, gebaut und von Ludwig XII., der selbst hier zu Gericht saß, umgebaut. Diese Versammlung, die seit dem 12. Jahrhundert mit der Kontrolle der Finanzverwaltung und der Verwaltung des Herzogtums betraut war, war der Beginn eines Feudalgerichts. Die Bezeichnung »Échiquier« wurde abgeleitet von einem Teppich mit einem schachbrettartigen Muster, der während der Sitzungen benutzt wurde (Geschäfte wurden mit Jetons abgewickelt). Franz I. wandelte diesen ständigen Gerichtshof in ein Parlament um. In England, wo die Herzöge der Normandie Könige waren, wird der Name »Chancelier de

Rouen: *Wasserbehälter im Keramik mit chinesischen Verzierungen*

l'Échiquier – Schatzkanzler« für den Finanzminister weiter angewandt.

Die Fassade zum Ehrenhof, deren Verzierung von Etage zu Etage zunimmt, erreicht am Dachgeschoß eine übersteigerte Ausschmückung. Die neugotischen Flügel stammen aus dem 19. Jahrhundert. Die Restaurierung des »Salle des Procureurs – Saal des Staatsanwalts« hat diesem seine ursprünglichen Ausmaße eines gotischen Kirchenschiffs wiedergegeben. Ein hebräisches Monument aus dem Beginn des 12. Jahrhunderts wurde unter dem Hof freigelegt.

Diesen Stil mit Verzierungen findet man auch im »Hôtel de Bourgtheroulde« aus dem 16. Jahrhundert, das eine Renaissance-Galerie hat, auf deren Relief die berühmte Begegnung von Franz I. und Heinrich VIII. im »Camp du Drap d'Or« gezeigt wird.

Mitten im Geschäftsviertel befindet sich der Place du Vieux-Marché, der an Jeanne d'Arc, die Patronin von Frankreich, erinnert. Dieser Platz wurde vor kurzem neu angelegt. Die Kirche und das der Heiligen geweihte Denkmal vereinen so ihre heutige Botschaft mit allen Zeugnissen aus den vergangenen Jahrhunderten.

Nachdem sie von den Engländern im Bergfried des von Philipp Augustus erbauten Feudalschlosses – von dem der »Tour Jeanne d'Arc« erhalten geblieben ist – gefangengehalten wurde und zahlreichen Verhören ausgeliefert war, wurde die Jungfrau von Orléans, die Bischof Cauchon für eine Ketzerin und eine Hexe hielt, zum Tode verurteilt. An der Stelle, an der der Scheiterhaufen aufgebaut worden war, steht heute ein hohes Kreuz.

Die Kirche Sainte-Jeanne-d'Arc, die nach den Plänen von Louis Arretche errichtet wurde, verbindet das Alte mit dem Modernen. In diesem sowohl kühnen als auch nüchternen Bau wurden Renaissance-Fenster eingesetzt. Diese ikonographische Serie, phantasievoll und plastisch (vor allem die Fenster von Engrand le Prince), stammt aus dem Chorraum der 1944 zerstörten Kirche Saint-Vincent.

Eine Fußgängerzone verbindet den Vieux-Marché (den Alten Markt) mit der Kirche Saint-Maclou. Dank der kürzlich durchgeführten Restaurierungen sind in der Rue Saint-Romain, der Rue Ganterie, der Rue du Gros-Horloge, der belebtesten Straße dieser Stadt seit der Römerzeit, viele alte Häuser mit Fachwerk zu sehen.

Zur Belebung dieses Viertels trägt die große Uhr, »Gros-Horloge«, an dem gotischen Turm bei, die den Blick der Passanten auf sich zieht. Dieser Renaissance-Pavillon, der die Straße überspannt, ist an beiden Seiten mit Zifferblättern aus vergoldetem Blei mit einem einzigen Zeiger versehen. In einer Vertiefung zeigt jeden Tag ein anderes Flachrelief die verschiedenen Gottheiten der Woche.

Viele andere Bauwerke verdienen die Aufmerksamkeit der Besucher, wie die »Fierte Saint-Romain«, ein kleines Renaissance-Gebäude, das im 16. Jahrhundert im griechisch-romanischen Stil erbaut wurde, um die Reliquien des ehemaligen Bischofs aufzunehmen. Einem Brauch zufolge wurde jedes Jahr ein zum Tode Verurteilter am Ende einer Prozession begnadigt, bei der dieser heilige Schrein mitgeführt wurde.

Aber auch zu den wunderbaren Museen, die es in Rouen gibt, muß ein Wort gesagt werden.

Das »Musée des Beaux-Arts« ermöglicht es, dank der reichhaltigen Keramiksammlungen, die Entwicklung dieser Kunst von ihren Anfängen an aufzuzeigen und die verschiedenen Stilrichtungen der Herstellungsbetriebe in Rouen zu untersuchen. Andererseits sind auch die großen Schulen der Malerei dort vertreten, vor allem die Künstler des 19. Jahrhunderts (im Salle Géricault und im Salle J. E. Blanche). Die einheimischen Maler findet man dort ebenso wie die großen Impressionisten (Monet, Pissaro, Sisley, Lebourg).

In der ehemaligen Kirche Saint-Laurent stellt das »Musée Le Secq des Tournelles« eine ungewöhnlich wert-

Alte Fachwerkhäuser in Rouen.

volle Sammlung von Goldschmiedearbeiten aus.

Im »Musée des Antiquités de la Seine-Maritime« sind neben Kunstschmiede- und Elfenbeinarbeiten auch Skulpturen und Wandteppiche in der Nähe des Mosaiks von Lillebonne und der galloromanischen Sammlung ausgestellt.

In der unmittelbaren Umgebung von Rouen hat man von zahlreichen Aussichtspunkten an der Küstenstraße bemerkenswerte und verschiedenartige Aussichten auf die Stadt. So sieht man von Belvédère Bonsecours und vom Belvédère de la Côte Sainte-Catherine direkt auf den Ballungsraum und die Seine-Schleife.

In der Nähe von Canteleu, dessen Anblick Maupassant bezauberte, befindet sich ein Pavillon im Stil Louis XV., der einzige Überrest von Flauberts Besitz in Croisset. Hier sind Erinnerungsstücke an den Schriftsteller zu sehen. In Petit-Couronne ist die »Maison des Champs« von Corneille zu besichtigen, ein Landsitz mit Fachwerk aus dem 17. Jahrhundert.

Im Norden von Rouen, in der Nähe eines Oldtimer-Museums, befindet sich der »Parc zoologique – Tierpark« von Clères mit einer Unmenge exotischer Vögel.

SAINT-GEORGES-DE-BOSCHERVILLE (Département Seine-Maritime)

10 km von Rouen am linken Seine-Ufer

In der Nähe des Waldes von Roumare, in dem Dorf Saint-Martin-de-Boscherville gründete Raoul de Tancarville, Kammerherr von Wilhelm dem Eroberer, im Jahre 1050 die Abtei Saint-Georges-de-Boscherville, deren Kirche heute als Pfarrkirche genutzt wird. Hier ersetzten im Jahre 1114 die Benediktiner von Saint-Evroult die Stiftsherren.

Im Jahre 1125 fertiggestellt, ist die Abtei durch ihre Homogenität beispielhaft für den romanischen Stil der Normandie. Nur das ursprüngliche Gebälk wurde im 13. Jahrhundert durch ein Spitzbogengewölbe im Haupt- und im Querschiff ersetzt. Das sehr einfache Eingangsportal, dessen Wölbungen mit geometrischen Motiven verziert sind, bildet einen Kontrast zu dem mächtigen Laternenturm an der Vierung des Querschiffs. Im Innenraum besteht die wichtigste Ausschmückung in den mit Friesen verse-

Die Fassade ▶

henen Arkaden und den beiden archaischen Flachreliefs unter den Tribünen des Querschiffs.

Der Kapitelsaal aus dem 12. Jahrhundert öffnet sich hin zu einem Brunnen, der den Mittelpunkt des Kreuzgangs bildete. Über diesem Saal befindet sich ein Gebäudeteil aus dem 17. Jahrhundert. Die fein gearbeiteten Arkaden der drei romanischen Öffnungen ruhen auf kleinen Säulen mit Figurenkapitellen. Die stark verstümmelten Figurensäulen, die einzigen in der Normandie, haben Ähnlichkeit mit der Kunst von Chartres.

SAINT-LÔ
(Département Manche)

58 km westlich von Caen

Diese Hauptstadt des Départements Manche liegt auf einem Schiefer-Vorgebirge über dem Vire-Tal. Die ehemalige gallische Stadt Briovère (»Brücke über die Vire«) wurde von ihren Gründern wegen ihrer strategisch günstigen Lage gewählt. Im 6. Jahrhundert nahm sie den Namen des Erzbischofs von Coutances, des heiligen Lô an, dessen Reliquien hier aufbewahrt und von Pilgern verehrt wurden. Während der Religionskriege erfuhr Saint-Lô im Jahre 1574 eine merkwürdige Belagerung durch den Ansturm von Marschall de Matignon.

Am Knotenpunkt wichtiger Verkehrswege gelegen, war die Stadt Mittelpunkt des deutschen Widerstands während der Landung der Alliierten im Juni 1944. Neben den »Heckenkriegen«, die in der Umgebung geführt wurden, wurde die Stadt bis zu ihrer Befreiung am 19. Juli pausenlos von den Amerikanern bombardiert. Aus der Schlacht von Saint-Lô ging sie als die »Hauptstadt der Ruinen – Capitale des Ruines« hervor.

Die Stadt wurde rasch wieder aufgebaut. Es entstand eine neue Stadt, einschließlich des Viertels »de l'Enclos« im Zentrum des Befestigungsgürtels, der nach den Bombenangriffen freigelegt worden ist. Auf der Stadtmauer kann man spazierengehen.

Die beiden Türme der Kirche Notre-Dame wurden als Zeugen der Gewalt der Geschosse nicht wiederhergestellt. Die Überreste des Gebäudes (13. bis 17. Jahrhundert) sind restauriert worden. Eine spätgotische Außenkanzel wurde zur Verkündigung der bischöflichen Rechtsakte benutzt.

◀ *Die Fassade der Abteikirche Saint-Georges-de-Boscherville.*

Die Ruinen der Abtei von Saint-Wandrille.

Das Museum besitzt eine komplette Folge von Wandteppichen mit einer Darstellung der »Liebe von Gombaut und Macée« aus dem 16. Jahrhundert.

Französische und englische Hengste werden im nationalen Gestüt ausgewählt. Ein großes internationales Reit- und Fahrturnier findet im Mai statt.

SAINT-PIERRE-SUR-DIVES (Département Calvados)

29 km südwestlich von Lisieux

Dieser große Marktflecken, der früher L'Epinay genannt wurde – im Altertum fand man häufig Dornenbüsche (»buissons d'épines«) an den Kreuzungen der Verbindungswege – liegt in der Übergangszone der Landwirtschaft und der Milchproduktion der »Campagne de Caen« und des »Pays d'Auge.«

Der spätere heilige Wambert, Pfarrer an der Kirche Saint-Pierre, starb im 9. Jahrhundert als Märtyrer durch die Hand der Wikinger. Die Stadt nahm den Namen der Pfarrei an. Später verschmolz ihre Geschichte mit der der Benediktinerabtei (von der sie die Tradition des Gerbens übernommen hat). Hier wird ein großer Teil des Verpackungsmaterials für den normannischen Käse hergestellt. Auch der alte Calvados ist sehr bekannt.

Im 11. Jahrhundert baute die Schwägerin von Herzog Richard II., Lesceline, das Schloß, das ihr verstorbener Mann nicht vollendet hatte, in ein Kloster um. Die Ordensfrauen wurden im Jahre 1050 durch Benediktiner ersetzt, die die Kirche erbauten, von der noch ein romanischer Turm erhalten ist. Im 12. Jahrhundert wurde sie durch einen Brand vernichtet, aber danach wieder aufgebaut. Der größte Teil des Gebäudes, so der Laternenturm, ist im gotischen Stil des 13. Jahrhunderts errichtet worden, wurde aber mehrfach umgebaut. In der Zeit der Renaissance wurde ein mit Schnitzereien versehenes Chorgestühl mit Gesäßstützen im Chorraum angebracht.

Ein schönes Steinpflaster aus dem 13. Jahrhundert aus glasierten Backsteinen wurde in den Kapitelsaal verlegt.

Nach dem letzten Krieg wurden die großen gotischen Markthallen restauriert.

SAINT-WANDRILLE (Département Seine-Maritime)

35 km nordwestlich von Rouen

Die Abtei Notre-Dame-de-Fontenelle in Saint-Wandrille-Rançon wurde im Jahre 649 in einer friedlichen Landschaft gegründet, die von der Fontenelle bewässert wird. Gründer war ein ehemaliger Würdenträger von König Dagobert, Wandrille.

Trotz des Lösegeldes, das den Wikingern gezahlt wurde, die sie lange Zeit schützten, wurde die Abtei im Jahre 858 zerstört. Nach ihrem Wiederaufbau im 10. Jahrhundert nahm sie den Namen ihres Gründers an. Im Mittelalter ging lange Zeit eine große Ausstrahlungskraft und Wohlstand von der Abtei aus, bedingt durch den Ruf ihrer Schulen und ihrer reichen Bewirtschaftung. Die Benediktiner von Saint-Maur bauten die Abtei im 17. Jahrhundert wieder aus ihren Trümmern auf; aber sie wurde während der Revolution erneut verwüstet und umgestaltet.

Der Schriftsteller M. Maeterlinck lobte das Kloster mehrere Jahre hindurch. Im Jahre 1909 führte er hier Schauspiele auf und benutzte dafür die wirkliche Szenerie der Galerien, der Ruinen und des Parks. Die Benediktiner führten die Abtei im Jahre 1931 zum klösterlichen Leben zurück und belebten erneut den Gregorianischen Gesang.

Vor der beeindruckenden »Porte de Jarente« aus dem 18. Jahrhundert, die

Ein Mönch verlässt seine Zelle.

Der Kreuzgang der Abtei von Saint-Wandrille. ▶

den Zugang zur Abtei ermöglicht, steht ein riesiges Portal.

Von der gotischen Kirche aus dem 13. und 14. Jahrhundert sind nur noch große Ruinen und ein Flügel des Querschiffs erhalten. Aber der Kreuzgang hat seine spätgotischen Galerien bewahrt, die eine aus dem 14. und drei andere aus dem 15. Jahrhundert. In der Nordgalerie, die ins romanische Refektorium führt, erinnert ein prunkvolles Lavabo mit seinen Verzierungen an die Renaissance und den italienischen Einfluß.

Die Mönche wohnen in den Klostergebäuden aus dem 17. Jahrhundert. Ihre Kirche haben sie in einer ehemaligen Scheune, die aus Neuville-du-Bosc (Département Eure) hierher gebracht worden ist, eingerichtet. In einem zeitgenössischen Schrein befinden sich die Reliquien des heiligen Wandrille.

Geht man um den Park außen herum, gelangt man zur Kapelle Saint-Saturnin, eine Erinnerung an die karolingische Zeit und ein Zeugnis der ersten romanischen Kunst in der Nor-

Das Grab von Albert Roussel auf dem kleinen Friedhof von Varengeville.

mandie (10. Jahrhundert), ausgenommen die im 16. Jahrhundert erbaute Fassade. Unauffällig und stabil gebaut, liegt sie an einem Hügel und zeigt ihr besonderes Mauerwerk in Form von Fischgräten. Ihren Aufbau mit drei Apsiden hat sie von älteren Bauwerken übernommen. Auf den Friesen verbinden sich Pflanzenornamente mit Fabeltieren.

LE TREPORT – EU
(Département Seine-Maritime)

28 km nordöstlich von Dieppe

An der Mündung der Bresle, an der Nordgrenze der Normandie, ist der kleine Fischereihafen Le Tréport vor allem ein Badeort, den Louis-Philippe durch den Bau der ersten Villa gefördert hat. Der Strand, der an den von Mers-les-Bains angrenzt, liegt am nächsten von Paris. Von den Kreidefelsen aus, die den Strand beherrschen, bietet der Kalvarienberg auf den Terrassen einen weiten Ausblick.

Wilhelm der Eroberer hatte die historische Stadt Eu, die zwischen dem Meer und dem Wald entstanden war, für seine Hochzeitsfeier mit Mathilde im Jahre 1050 ausgewählt. In »Pierre Nozière« hat Anatole France (1844 – 1924) den Charme der kleinen Stadt in der Nähe von Le Tréport beschrieben.

Die Kirche Notre-Dame-et-Saint-Laurent, eine ehemalige Stiftskirche, wurde nach dem Tod des Primas von Irland, Lawrence O'Tool, der in diesem Kloster gewirkt hatte, erbaut. Seine Reliquien werden hier aufbewahrt. Dies ist eine der ersten gotischen Kirchen in der Normandie. Die Apsis wurde im 15. Jahrhundert erneuert. Den Gesamtbau hat Viollet-le-Duc restauriert. Die große Krypta birgt die Statuen der Herzöge d'Artois.

Das Schloß aus Backsteinen und Steinen aus der Zeit der Renaissance wurde von Henri de Guise im Jahre 1578 begonnen. Es steht an der Stelle, an der sich früher eine Festung befand, in der Jeanne d'Arc gefangen gewesen sein soll. Das mehrfach vergrößerte Schloß wurde von der Grande Mademoiselle (Herzogin de Montpensier) bewohnt, bevor es die Lieblingsresidenz von Louis-Philippe wurde, der hier die Königin Victoria empfing. Dieser König ließ den von Le Nôtre geplanten Park neu anlegen und das Schloß restaurieren. Sein Enkel, der Herzog von Paris, beauftragte Viollet-le-Duc mit der Dekoration der Innenräume. Jetzt ist es in ein Museum umgewandelt worden.

In diesem Gebäude im Stil Ludwig XIII. sind die Marmorgrabmäler des Herzogs de Guise und seiner Frau zu sehen. Hierbei handelt es sich um die Kapelle des Jesuitenkollegs, das Catherine de Clèves gegründet hat, das heutige Lycée Anguier. Es ist eine Erinnerung an zwei aus Eu stammende Bildhauer.

In dem Wald von Eu, mit seinem reichen Wildbestand, ermöglicht ein Wanderweg die Entdeckung des »Massif du Triage«.

VALMONT
(Département Seine-Maritime)

11 km südöstlich von Fécamp

In der Nähe von Fécamp beherrscht das Schloß der Familie d'Estouteville den Ort und den Fluß Valmont. Ein Renaissance-Flügel wurde an die Überreste aus dem Mittelalter angebaut.

Nicolas d'Estouteville gründete im Jahre 1169 für die Benediktiner die Abtei von Valmont auf dem gegenüberliegenden Flußufer. Die Kirche, die zum Teil zerstört ist, hat einen Renaissance-Chorraum, dessen Gewölbe und hohe Fenster verschwunden sind. Aber die dahinterliegende Kapelle, die der Gottesmutter geweiht ist – sie wird auch die »Chapelle des Six Heures« genannt – ist unversehrt geblieben. Sie ist ein wahres Kleinod, prächtig verziert und mit einem wohlausgewogenen Gewölbe versehen. Die Fenster stammen auch aus der Zeit der Renaissance. Hier befinden sich die liegenden Figuren des Gründers und von Jacques d'Estouteville sowie eine Skulptur mit der Darstellung der Verkündigung Mariens, die Germain Pilon zugeschrieben wird.

Der Maler Eugène Delacroix (1798–1863) hielt sich mehrfach in den klassischen Klostergebäuden auf.

VARENGEVILLE
(Département Seine-Maritime)

8 km östlich von Dieppe

Varengeville, ein Ort der Sommerfrische an der Côte d'Albâtre« (Alabasterküste), bestehend aus mehreren Weilern, hat oft Künstler angezogen, die empfänglich für diese ländliche Umgebung waren.

In der Nähe des Felsens steht die Kirche, umgeben von einem Friedhof. Sie besitzt ein Fenster von Raoul Ubac und ein anderes von Georges Braque (1882–1963). Sein Grab befindet sich direkt am Meer neben dem des Dramatikers Georges de Porto-Riche (1849–1930) und dem des Komponisten Albert Roussel (1869–1937). Die Kapelle Saint-Dominique ist mit Fenstern von Georges Braque ausgestattet.

Vom Leuchtturm d'Ailly aus hat man einen Überblick über die ganze Gegend. Hier wächst auch der Sonnentau, eine klebrige Pflanze, die kleine Insekten anzieht und verschluckt.

Im Jahre 1532 erbaute der reiche Reeder aus Dieppe, Jean Ango, Berater in Seefragen von König Franz I., in der Nähe von Varengeville seinen vornehmen Landsitz. Durch das Zusammenfügen von Backsteinen und Flint entstand ein rot-schwarzes Mosaik zwischen dem Fachwerk, das den Außenmauern eine harmonische Nüchternheit verleiht.

Das »Manoir d'Ango«, ein Beispiel der ländlichen Renaissance, wurde sehr stark durch italienische Landsitze beeinflußt. Die vier Hauptgebäude rahmen einen Innenhof ein. Ihre Fassaden sind hier reich verziert. Eine ist mit einer arkadengeschmückten Loggia versehen. Diese Ausschmückung wird durch plastische geometrische Motive vervollständigt und durch die kunstvolle Einlegearbeit des Taubenhauses entsteht ein subtiles Farbenspiel.

VIRE
(Département Seine-Maritime)

39 km südöstlich von Saint-Lô

Die malerische Lage dieser kleinen Stadt, der Hauptstadt des Bocage von Vire, mit dem hügeligen Relief, war der Grund dafür, daß sie schon sehr früh befestigt wurde. Heute werden hier Milchwirtschaft und Viehzucht betrieben.

Nach der Landung von 1944 wurde die Stadt zerstört. Die Porte-Horloge (Uhrenpforte) mit dem Belfried aus dem Jahre 1480, der den Hauptplatz beherrscht, und mehrere Türme sind erhalten geblieben. Die Überreste des romanischen Bergfrieds von Henri I. Beauclerc, auf dem Gipfel des Kaps, erheben sich über die »Vaux de Vire«, diese tiefeingeschnittenen Täler, in denen man früher die Tücher walkte. Olivier Basselin, ein Walker-Geselle aus dem 15. Jahrhundert, bekannt wegen seiner Trinklieder, die »vaudevires« genannt, soll der Urheber der jetzigen »Vaudevilles«, das heißt der Possenlieder, sein.

Auch die »Andouille de Vire (Wurst aus Kaldaunen)« hat einen guten Ruf.

In Richtung Saint-Lô befindet sich das Schloß von Torigni-sur-Vire aus dem 16. Jahrhundert. Dieser Landsitz der Familie Matignon wurde restauriert.

Das Tal der Vire ist hier sehr malerisch und zerklüftet. Es hat sich in den alten Schiefer eingegraben. Von den »Roches de Ham« aus hat man einen schönen Blick auf eine tiefliegende Flußschleife.

Die Abteikirche von Saint-Sever-Calvados, ganz aus Granit und mit sehr ausgewogenen Proportionen (13. und 14. Jahrhundert) ist ein Überbleibsel eines ehemaligen Klosters, das der spätere Bischof von Avranches, Sever, im 6. Jahrhundert gegründet hatte. Später haben sich hier Benediktiner niedergelassen. Ganz in der Nähe befindet sich der Staatsforst von Saint-Sever.

YVETOT
(Département Seine-Maritime)

36 km nordwestlich von Rouen

Yvetot, ein mächtiger, blühender Marktflecken im Zentrum des Pays de Caux, hat während des letzten Krieges sehr gelitten. Von 1392 bis 1551 trugen die Lehnsherren hier den Titel »König«. Das war ungewöhnlich. Sie entstand in einer Laune, die beeinflußt war durch den Chansonnier Béranger.

In der Kirche Saint-Pierre, einem modernen Rundbau, stellen die riesigen Fenster von Max Ingrand das Leben der normannischen Heiligen dar.

Einige Kilometer davon entfernt steht die tausendjährige Eiche von Allouville; sie ist einer der ältesten Bäume Frankreichs. Ihr Stamm, mit Kapellen versehen, hat einen Umfang von fünfzehn Metern.

Marie-Bénédicte Baranger

INHALTSVERZEICHNIS

FOTONACHWEIS

Bayeux (ville de) : 3, 62-63.
Hervé Boulé : 50.
Hervé Champollion : 14, 43, 73, 74, 81, 94, 95, 101, 102-103, 112, 115, 116 und 4. Umschlagseite.
Franck Duncombe : 33, 67, 69.
Nicolas Fediaevsky : 2, 3, 4-5, 6, 7, 8-9, 16, 17, 18-19, 20, 21, 22-23, 24, 25, 26-27, 28-29, 35 , 36- 37, 38, 39, 40, 42, 44-45, 46-47, 48-49, 54, 55, 58-59, 60, 64, 75, 80, 83, 84-85, 86, 87, 89, 96-97, 99, 108-109, 114-115, 118, 122, 123, 124-125, 126 und 1. Umschlagseite..
René Gaudez : 79.
Jean-Paul Gisserot : 12-13, 15, 30-31, 32, 52-53, 61, 65, 66, 76-77, 78, 90-91, 100, 104-105, 107, 111, 119.
Yves Tartainville : 41, 56-57, 110.
Philippe Thomas : 10, 11, 68, 70-71, 72.

Cet ouvrage a été imprimé et façonné par l'imprimerie Pollina à Luçon - La photogravure a été réalisée par Ouest-France à Rennes - La photocomposition a été réalisée par Computersatz à Bonn (R.F.A.) - La couverture a été imprimée par l'imprimerie Raynard à La Guerche-de-Bretagne et la société des Pelliculages de l'Ouest à Dreux - Prix à la parution en France continentale : 57 francs français.

© - 1989 - EDITIONS OUEST-FRANCE - I.S.B.N. 2.7373.0404.0 - Dépôt légal : juin 1989 - N° éditeur : 1515.01.05.06.89 - N° d'impression : 11319